国家出版基金项目

《御製五體清文鑑》研究

江橋 著

北京燕山出版社

出版說明

  中國古代辭書種類繁多，字書、韻書"各司其職"。《說文解字》探討字體結構源流；《爾雅》訓釋字義；《廣韻》歸納字音。之於清代，更有《康熙字典》，收5萬餘字，開"字典"之先河。不僅如此，清代官修辭書又有以"清文鑑"命名者，自康熙朝滿文單體，至乾隆朝終成五體，中有專司音韻之《御製滿珠蒙古漢字三合切音清文鑑》等，囊中華大地漢藏、阿爾泰兩大語系，括滿、藏、蒙、維、漢五種文字，登詞典之巔峰，受世人之矚目。

  本研究以清代官修多文種對照辭書《御製五體清文鑑》為主要對象，對"清文鑑"分類格局、詞語體系的變化進行細緻的比較；通過滿文釋讀五體文語詞的讀音，呈現出漢藏、阿爾泰兩大語系中主要語言語詞對比圖；同時比較清代康、乾近百年間"國文"法典中滿文詞語的變化，顯現滿文發展過程的一個側面。

  文中第四章"五體文音義對照舉例"因係五體對照，故每組詞語只能排列成五行。因版心所限，有些行做出左移和縮小字號的處理。

  滿文使用目前國際通用的轉寫符號。轉寫符號與滿文原文對照如下表：

滿文字母	轉寫符號
	a
	e
	i
	o
	u
	ū
	n
	k
	g
	h
	b
	p
	s
	š
	t
	d
	l

滿文字母	轉寫符號
	m
	c
	j
	y
	r
	f
	w
	ng
	k'
	g'
	h'
	ts'
	tsi
	dz
	ž
	sy
	c'y
	jy

說明：轉寫符號來源：P. G. von Möllendorff：*A Manchu Grammar with Analyzed Texts*（1892）。

目　錄

第一章　導　論 …………………………………………………… 1
　　第一節　滿文文字描述 ……………………………………… 1
　　第二節　豐富的滿文文獻 …………………………………… 3
　　第三節　官修大型分類辭書 ………………………………… 11

第二章　"清文鑑"分類格局比較 ……………………………… 20
　　第一節　正編類目名稱及其變化 …………………………… 20
　　第二節　類目所用詞語含義範圍的細微變化 ……………… 24

第三章　"清文鑑"詞語體系變化 ……………………………… 53
　　第一節　天文類 ……………………………………………… 53
　　第二節　時令類 ……………………………………………… 57
　　第三節　地輿類 ……………………………………………… 60
　　第四節　君類、諭旨類、設官類 …………………………… 63

第四章　五體文音義對照舉例 …………………………………… 79
　　第一節　天部五體詞語滿文注音之轉寫 …………………… 80
　　第二節　時令部五體詞語滿文注音之轉寫 ………………… 153

第五章　詞語分析舉例 ················· 230
　第一節　有關"茶"的記載 ············· 230
　第二節　"海螺"、"號角"辯 ············ 241
　第三節　"同上"案例溯源 ············· 252

第一章 導 論

第一節 滿文文字描述

　　滿文屬於拼音文字，其文字結構和拼合方法為上下結構、輔元相拼。書寫規則是自左至右，自上而下；同一字母在詞首、詞中、詞尾時，寫法各不相同；滿文的基本筆畫有：字頭（uju）、字牙（a）、字圈（fuka）、字點（tongki）、字撇（šaka）、字尾（uncehen）等；字母沒有大寫和小寫的區別；詞內連寫，詞與詞之間分寫；音節間無空格；行文中無聲調符號。滿文共有6個元音（a, e, i, o, u, ū）19個輔音（n, k, g, h, b, p, s, š, t, d, l, m, c, j, y, r, f, w, ng）和10個特定字。字體類型可分為印刷體、手寫體、篆刻體等。

　　"十二字頭"、"切音"和"虛字"是清代研習滿文語音和語法的核心。若查檢傳統音序辭書，必依"十二字頭"排序，它的特點是以音節為基本單位。"切音"是拼音方法，而"虛字"是連詞成句的關鍵部分。今人研習滿語文，多依現代語言學的規範，將音節再細分為音素，故有前述若干輔音和元音。拼音方法除個別者外，大多與其他拼音文字相同，即輔、元相拼。如：n[n]、a[a] 讀 na[na]，後面可再加輔音 n，拼為 nan[nan]。滿文詞法多被歸結為實詞、虛詞兩大類。實詞中動詞分詞幹和附加成分兩部分，後者變化活躍，標識不同的時態、語態等，黏着語特徵較明顯。句法基本形式為SOV主賓謂結構。

滿文雖然使用時間不長，但因為社會的原因，受周圍語言影響，在詞彙甚至語法結構上有時會出現游離。

字母表

轉寫	滿文	轉寫	滿文	轉寫	滿文	轉寫	滿文
a		h		c		h'	
e		b		j		ts'	
i		p		y		ts	
o		s		r		dz	
u		š		f		ž	
ū		t		w		sy	
n		d		ng		c'y	
k		l		k'		jy	
g		m		g'			

例一

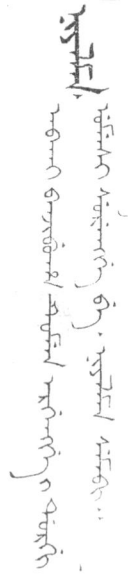

轉寫與對譯：

    niyalma – abkai banjinbuha tumen
     人　　　天　　使生　　　萬
    ergengge i dorgi umesi surengge be
     生靈　　內　　最　　聰明者
    niyalma sembi.
     人　　　稱作

譯文：

    上天所生眾生靈中最為聰明者為人。

例二

轉寫與對譯：

abka: umesi den tumen jaka be elbehengge be, abka sembi.
天　很　高　萬物　　覆蓋者　　天　稱作
sing li bithede, judzi i henduhengge, abka, in yang, sunja
性 理 書中 朱子 　話　　　天　陰　陽　五
feten i tumen jaka be　wembume　banjibumbi sehebi.
行　　萬物　　　化導　　　　生長
luwen ioi bithede, colgoropi damu abka amba, damu yoo
論 語 書稱　 　巍巍然 只有 天　大　　只有 堯
teherembi sembi.
　相稱

譯文：

天，甚高覆蓋萬物者。《性理》朱子曰："天以陰陽、五行造化萬物。"《論語》曰："巍巍乎，唯天為大，唯堯則之。"

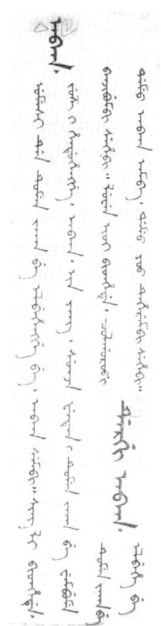

第二節　豐富的滿文文獻

現存滿文文獻卷帙浩繁，檔案、圖書、金石碑刻形式多樣。僅北京中國第一歷史檔案館所藏清代滿文檔案即以百萬計。中國許多省份的檔案館（主要是東三省及其下屬地市、內蒙古、西藏、新疆等）、圖書館、博物館均有藏品。臺北故宮博物院、臺灣中研院等處也存有大量自大陸帶去的滿文文獻。不僅如此，在17、18世紀及其以後的中外文化交流、政治摩擦中，大量的滿文文獻流至世界上許多國家，俄羅斯、朝鮮半島、日本、英國、法國、德國、梵蒂岡等國家均有珍稀藏品，使得滿文文獻的研究為世界矚目。在中國，各地有滿文文獻的檔案館、圖書館、博物館都做了大量的整理和研究工作，韓國、日本、歐洲多國、美國等地亦有相關出版物。

在所有滿文文獻中，滿文檔案無論從數量上還是從內容的豐富與重要程度上均佔有重要位置。僅從時間跨度看,自明朝末年的《無圈點檔》①到民國年間的海拉爾檔案,逾300年。

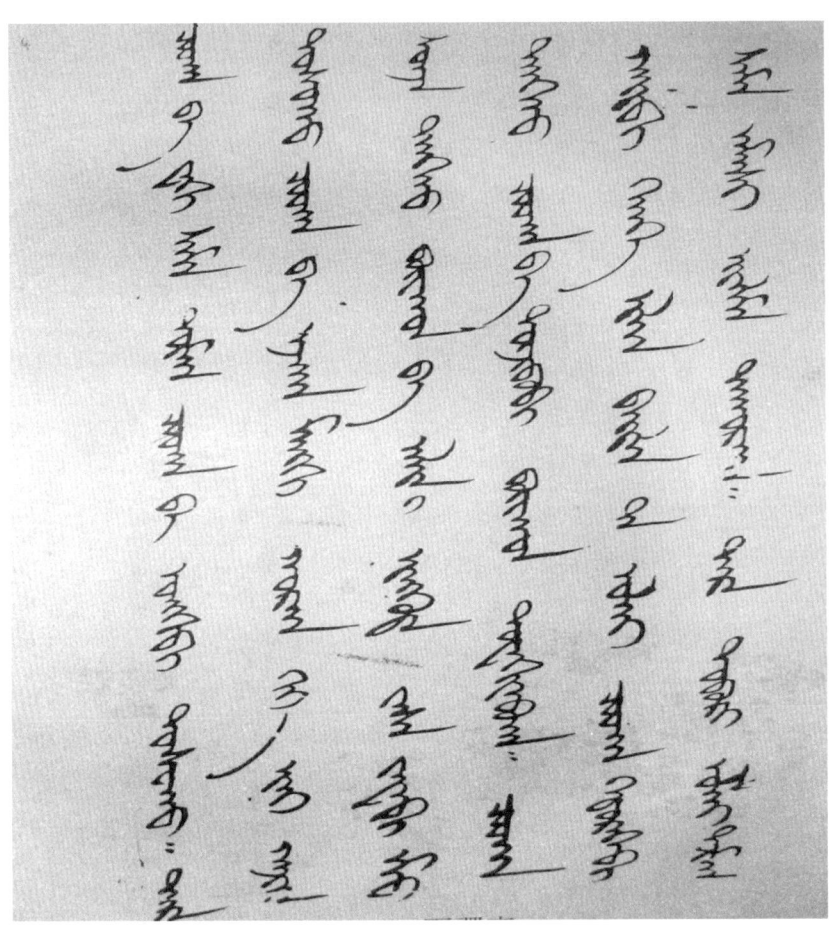

無圈點檔(明萬曆年間)

---

① 現存《無圈點檔》的記載始自明萬曆三十五年(公元1607年),前殘,說明其產生的時間早於17世紀初。

第一章 導　論

海拉爾檔案館藏中華民國二十年（1931年）滿文檔案

　　據《清太宗實錄》記，天聰三年（1629年）設立文館於盛京（今瀋陽），即命儒臣翻譯漢文書籍。至康熙年間，以滿文翻譯的漢文典籍已達"凡五經四書已經翻譯之外，如綱目講義等有關於治道者靡不譯盡"①之地步。乾隆時期又將清前期已經譯成滿文的漢文經典文獻再次重譯②，而至滿文《大藏經》告藏，作品豐繁至極③。

　　《四書》乃漢文教化之書的經典，滿文有多種譯本。據清人昭槤所著《嘯亭雜錄》載："崇德初，文皇帝患國人不識漢字，罔知治

---

① 《御製清文鑑》序。康熙帝"清文鑑序"中此句滿文為："geli sunja ging, sy šu bithe be aifini ubaliyambuha ci tulgiyen, g'ang mu, jai jurgan be suhe jergi dasan i doro de holbobuha ele bithe be wacihiyame ubaliyambuhakūngge akū." 曾有學者由於錯誤地理解了此句滿文的含義，在文章中將此義介紹為："很多書沒有譯完……"造成了很多人對當時滿文狀況的錯誤認識。（見《滿語研究》1990年第2期）。
② 如《詩經》即有順治初和乾隆中葉兩種滿文版本。
③ 從數量上看，滿文文獻中的公文檔案占絕大部分，其餘部分中，翻譯作品比原創者又為絕大部分，題材廣泛、內容豐富。詳見各地各種滿文文獻目錄。

體，乃命達海翻譯《國語》《四書》及《三國志》各一部，頒賜其舊，以為臨政規範。"達海所譯《四書》應為最早版本，其次又有康熙三十年（1691年）滿漢合璧譯本，乾隆六年（1741年）滿文譯本，乾隆二十年（1755年）滿漢蒙合璧譯本等。其中以乾隆二十年鄂爾泰等之譯本最為流行。該書又稱《御製翻譯四書》，歷朝多有刊刻[①]。

《御製古文淵鑑》，清康熙帝根據漢文《古文淵鑑》欽選的一部滿文翻譯作品，康熙二十四年十二月（1685年—1686年）成書[②]。具體編著由大學士徐乾學等完成，由內府刊刻，全書64卷，36冊。漢文《古文淵鑑》是一部內容廣博、意義深遠的古文彙集。御製滿譯本擇選文章精良，翻譯品質優秀。之後有不同的抄本，影響廣泛，並傳至海外[③]。

滿文《大藏經》譯於清乾隆三十七年至五十九年（1772年—1794年），是以漢文、藏文、蒙古文、梵文《大藏經》為底本翻譯刊刻而成，清代又稱《國語大藏經》。共108函（夾），收佛教經典699種，計2466卷。今北京故宮博物院收藏76函（夾），605種（33750頁）；臺北故宮博物院收藏32函（夾），800餘卷。較其目錄、裝幀形式及版框尺寸，均為清內府"清字經館"原刻朱色初印本。皮藏兩地的滿文《大藏經》非常珍貴，已由北京故宮博物院整理重印出版[④]。

[①] 參見趙志忠"滿文文獻"，張公瑾主編《民族古文獻概覽》第六章第一節，民族出版社，1997年，第507頁。

[②] 此為御製序所署時間。

[③] 參見[德]稽穆（M.Gimm）《論御製古文淵鑑》（江橋譯），閻崇年主編《滿學研究》第三輯，民族出版社，1996年，第204頁。

[④] 詳見翁連溪《乾隆版滿文〈大藏經〉刊刻述略》，《故宮博物院院刊》2001年第6期，第61頁~65頁。

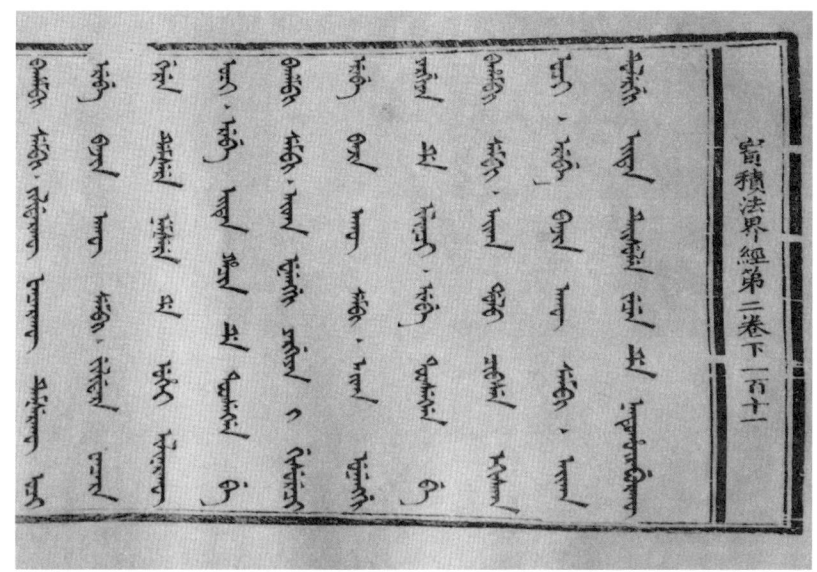

　　清代的語言環境，造就了豐富的語言類文獻。除《御製清文鑑》等大型官修辭書外，又有如《大清全書》《無圈點字書》《清文典要》《同文廣彙全書》《清漢文海》《西域同文志》《清文總彙》《六部成語》《清語摘抄》及《清文啟蒙》《清文虛字指南編》《十二字頭》《清文接字》《清語易言》《清文指要》等多種辭書、教科書。

　　《無圈點字書》為研究老滿文的工具書。乾隆六年（1741年）由鄂爾泰、徐元夢主編而成。老滿文創制於明萬曆二十七年（1599年），新滿文改進於天聰六年（1632年），其間相距30餘年。老滿文雖然應用時間不長，但其間留下了一部重要著作《滿文老檔》。《滿文老檔》的記錄文字基本上採用的是老滿文，到了乾隆初年，已經相距百餘年，能夠認識老滿文的人已經不多了。因此，乾隆皇帝於乾隆六年降旨，認為"無圈點字乃滿文之本，今若不編一字書收存，恐日後失據，人將不知滿文始於無圈點字"，並命內閣大學士鄂爾泰、尚書徐元夢等人閱讀《滿文老檔》，檢出難辨之老滿文字，編輯成書。鄂爾泰等人奉旨將《滿文老檔》中的老滿文字用12字頭編排出來，並在底下注以新滿文，分4冊抄出。《無圈點字書》對於我們今天認識老滿文、研究老滿文具有十分重要的意義。

《清文總彙》學習和研究滿語最常用的工具書。光緒二十三年（1897年）京都宛羽齋刊行，主編為志寬、培寬。全書分12冊12卷，收詞20000餘條。書前錄有宗室祥亨之序言，書後有作者之跋。該書是將《清文彙書》《清文補彙》合併而成。《清文彙書》初版於雍正二年（1724年），作者為李延基。全書分為12冊12卷，卷首有作者的序言。《清文補彙》刊行於乾隆五十一年（1786年），作者為宗室宜興，為補《清文彙書》而作，共集7990餘言，分8冊8卷。卷首有作者序言，卷尾附跋。

《西域同文志》，滿、漢、蒙、藏、維等多種文字人名、地名對照注釋詞典。清大學士傅恒等奉旨編纂，凡24卷，乾隆二十八年（1763年）武英殿刻本。全書按地區編排，又分地名、山名、水名、人名。內容主要涉及今我國新疆、西藏、青海和與之相鄰的部分境外地區。每一詞條都用6種文字對照。首列滿文，次列漢文，並詳注名義，再次以漢文三合切音為滿文注音，而後依次列出蒙古文、藏文（西番）、托忒蒙古文（托忒）、維吾爾文（回）的寫法。本書是研究西北民族、歷史、地理的重要工具書[①]。

《清文虛字指南編》，作者萬福，光緒十一年（1885年）刻本，光緒二十年（1894年）鳳山修訂，名曰《重刻清文虛字指南編》。全書二冊，是舊時學習滿文文法的良好教材。所謂"虛字"，包括助詞、後置詞、連詞、語氣詞、動詞詞尾變化等，這些元素對理解文句含義至關重要，將之排比成句，並配以例句，非常便於理解和記憶。如："i、ni、ci、kai 與 debe，用處最廣、講論多。裏頭上頭並時候，給與在於皆是 de"、"把將以使令教字，共是七樣盡翻 be，下邊必有 bu 字應，不

---

① 入《四庫全書·經部·小學·欽定西域同文志》《中國古籍善本書目》。

然口氣亦可托"。一段下來，對滿文中幾個最重要的虛詞及其用法一目了然①。

《清文啟蒙》，滿語教科書，清人舞格編，雍正八年（1730年）三槐堂序刊，同年即有多種刻本刊行，為迄今所見較早且流傳較廣的以漢語學習滿語的教材。全書分為四卷，卷一為語音，內容有：十二字頭1280字，以漢字標注，輔之以切韻195條；卷二為會話，收話語42段，滿漢合璧；卷三為虛詞語法，收虛詞200多條，加以漢語解釋並附滿漢合璧例句；卷四為詞形辨似，收滿漢對照詞彙1573條②。

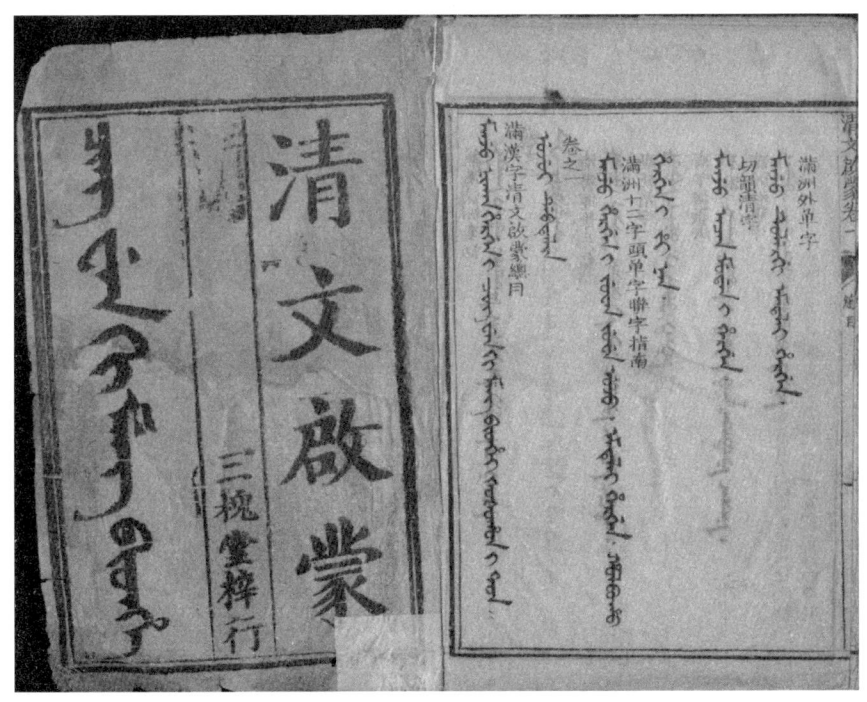

① 據北京中國第一歷史檔案館存本。相關文章有：屈六生《一部獨具特色的清代滿語語法著作——評述〈清文虛字指南編〉》，中國民族古文字研究會編《中國民族古文字研究》，天津古籍出版社，1994年。
② 據北京中國社會科學院民族學與人類學研究所圖書館藏本。

實勝寺碑文滿文部分

清代碑刻的價值不僅因清代碑學的興盛而凸顯，更因其文種的豐富而增加了它的學術內涵。其產生的時間，上迄後金天命，下至清末宣統；種類從墓碑、墓志、墓碣、誥封碑、題名碑、旌表碑、節烈碑、墓表、諭旨碑、塋地碑、到門區、塔碑、寺碑、神道碑等。而滿文早期的作品，又因為同期其他種類文獻的稀少而顯得彌足珍貴。在已發現的早期滿文碑刻中，有兩大特點極為鮮明：一是文體豐富，除少量滿文一體者外，以滿漢合璧本居多，間有滿蒙漢三體合璧、滿蒙漢藏四體合璧、滿拉丁合璧；二是種類繁多，從墓碑、誥封碑、諭祭碑、題名碑、諭旨碑、告示碑到塔碑、寺碑、陵碑、堂碑。這恰好反映出滿族社會初發之際多樣性的文化背景。值得指出的是，即便是多體合璧本，各文體之間在內容和書寫方式上均有多少不等的差別，故研究價值並不因此遜色。相反，通過各體文字的相互對照，從相同和相異之間，發現端倪，找到真實而有說服力的證據。現存滿文碑刻拓本最多的是北京國家圖書館、北京大學圖書館、大連圖書館等處。

實勝寺碑（šu ilgai soorin i yargiyan etehe fucihi soorin de ilibuha wehei bei），此碑原存瀋陽實勝寺內。該寺位於盛京西（今瀋陽市和平區黃寺路），為清入關前盛京最大的喇嘛寺院，當地俗稱皇寺或黃寺，是清太宗皇太極為紀念征服察哈爾蒙古而建造的。崇德元年（1636年）七月敕命修建，崇德三年（1638年）孟秋七月告成，全稱蓮華淨土實勝寺，後世通稱實勝寺、皇寺、黃寺。此寺因奉蒙古大汗忽必烈之摩訶迦羅金像而成為清朝當時政治—宗教上居最重要位置的藏傳佛教大寺。寺中院內左右面南對稱各立一碑，正反兩面碑文。東側正面滿文，背面漢文；西側正面蒙古文，背面藏文（西域文）。碑文以滿文為主，由內國史院大學士剛林撰，另外三種文字的譯者見於碑文之末。碑文入《清太宗實錄》。其滿文拓片高240 cm、寬95 cm[①]，今存北京大學圖書館、大連檔案館等地。

第三節　官修大型分類辭書

一、han i araha manju gisun i buleku bithe／《御製清文鑑》

成書於康熙四十七年（1708年），全書共四函，前三函包括序、部類（šošohon hacin）、正文、跋（amargi sioi）、纂修官員名單，共二十二卷冊（debtelin），第四函為總綱（uheri hešen）；正文分類編排，

---

① 據北京大學圖書館存本。

共分三十六部（šošohon）。部下分類（hacin），共計二百八十類；收詞條一萬二千餘，其中包括單詞和詞組。卷首有康熙（清聖祖玄燁）於成書之年所作序言（han i araha manju gisun i buleku bithei sioi），書末附編者所撰跋（han i araha manju gisun i buleku bithei amargi sioi）兩篇，並兩組纂修官員名單。第一組共十二人，其中有以武英殿大學士馬齊為首的六名殿、閣大學士和六名內閣學士；第二組包括了中央各部、院、司、寺的主要官員五十六名。隨後一函四冊總綱，是將所收全部詞彙按滿文十二字頭順序編排的索引。全書體例精湛合理，即使以現代詞典學的標準來衡量，亦不失為上乘之作①。

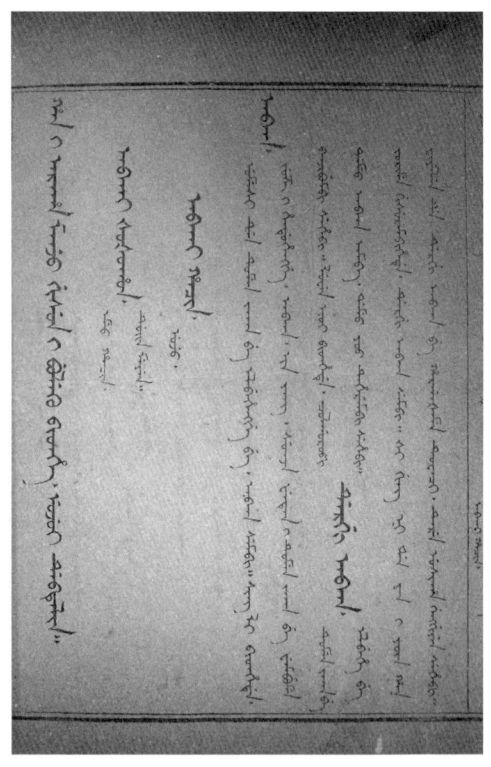

---

① 據中央民族大學圖書館藏武英殿刻本。開本寬18.5cm，長26cm；內寬15cm，長21.5cm。參見江橋著《康熙〈御製清文鑑〉研究》，北京燕山出版社，2001年。

二、han i araha manju gisun i buleku bithe / qaɣan-u bičigsen manju ügen-ü toli bičig

成書於康熙五十六年（1717年），是 han i araha manju gisun i buleku bithe 的滿文、蒙古文合璧本；康熙五十六年作序，開本寬19.5cm，長29.6cm，封皮為青石綢，黃綾包角，絲線裝訂，北京故宮博物院圖書館藏。從康熙帝的上諭以及譯者的序文中可以瞭解到，在翻譯過程中，譯者不僅尋訪八旗舊故，且利用札薩克蒙古四十九旗和喀爾喀札薩克蒙古五十七旗王、貝勒等來京叩拜之機多方求教，康熙帝本人也不放過任何機會過問此事，並親自審閱。

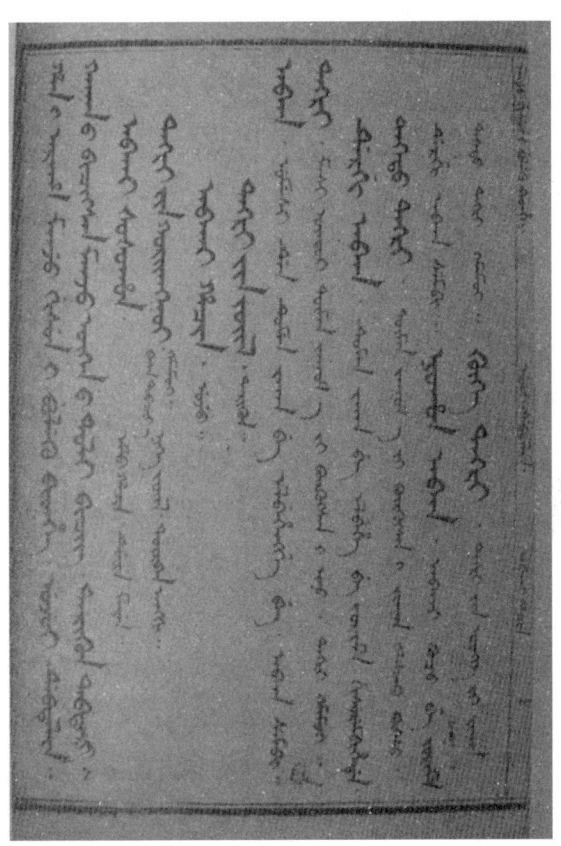

三、han i araha manju monggo gisun i buleku bithe

乾隆八年（1743年），滿蒙合璧，但蒙古文是以滿文加圈點字母音寫的，沒有蒙古文原字。如：

（滿）genggiyen biya: biya umesi getuken be, genggiyen biya sembi. /

（滿注蒙音）gegegensaran: saran masi todorhai gi, gegegen saran kememui.

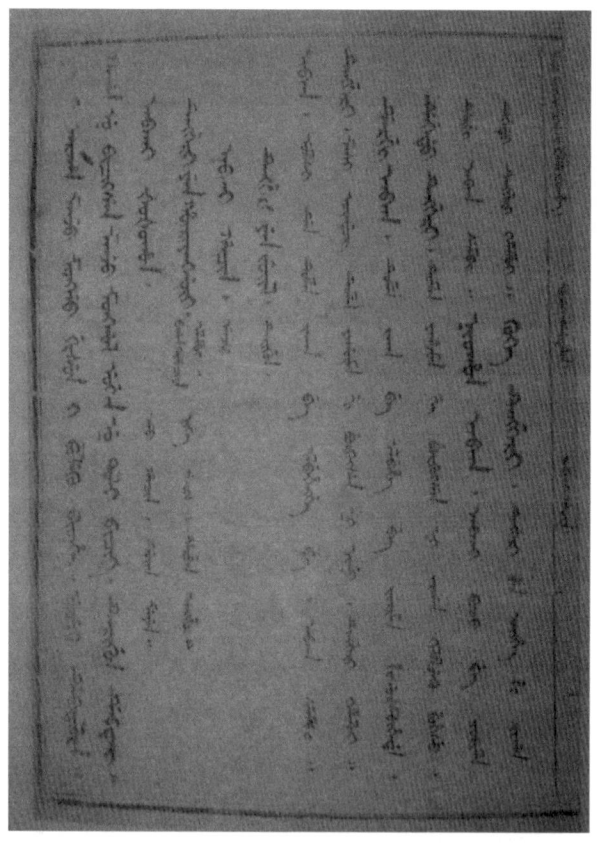

乾隆皇帝看到康熙朝《御製清文鑑》的滿蒙合璧本，對於不懂蒙古文的人仍無法正確念出，甚至連他自己，雖然"粗通蒙古語音"，

亦感"蒙古文字只有筆畫而無圈點"的麻煩。為了學人能夠正確地讀出蒙古文，也為了保留住蒙古文的正確發音，隨即下令編制此典，以滿文音寫代替蒙古文原文。

四、han i araha nonggime toktobuha manju gisun i buleku bithe/《御製增訂清文鑑》

乾隆三十六年（1771年），滿、漢文合璧，乾隆四十六年（1781年）入《欽定四庫全書》經部十，小學類二，字書之屬。有提要如下：

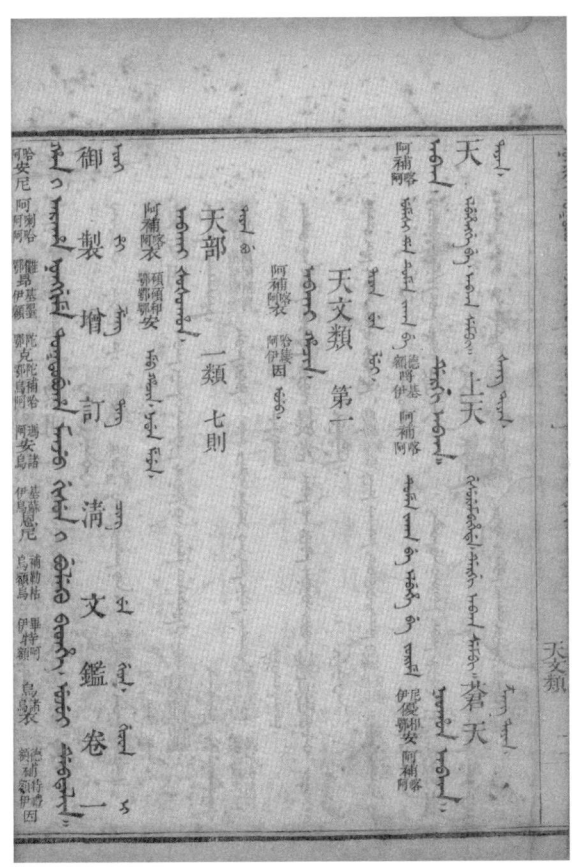

> 臣等謹案，增訂清文鑑三十二卷，補編四卷，總綱八卷，補編總綱一卷，乾隆三十六年欽定制頒行。國書字頭切音之法，實備形聲之用。自聖祖仁皇帝定為清文鑑一書，分類編排，體裁大備，而未有音切漢字。我皇上紹纘文明，指授館臣，詳加增訂。每條標著國語，左為漢字或一字對音，或二合三合切音，毫髮不爽；其右列漢語；又其右音以國書俾覽者皆可成詠。其注釋並取日用常言，期於人人共曉，不致有拘牽傳會之失。而新定國語增入者尤為詳備，於以昭示來茲，為萬萬世同文之準云。乾隆四十六年十二月恭校上。

五、han i araha manju monggo nikan hergen ilan hacin i mudan acaha buleku bithe / qaɣan-u bičigsen manju mongɣol kitat usug ɣuban joilon nailangga doli bičig /《御製滿珠蒙古漢字三合切音清文鑑》

三十二卷，乾隆四十五年（1780年）。入《欽定四庫全書》經部十，小學類二，字書之屬。提要如下：

> 臣等謹按，《滿珠蒙古漢字三合切音清文鑑》三十二卷，乾隆四十四年御定。初，聖祖仁皇帝勅撰清文鑑，皇上既命補注漢字，各具翻切釋文。嗣以蒙古字尚未備列，因再命詳加考校，續定是編，以國書為主而貫通於蒙古書、漢書。每國語一句，必兼列蒙古語一句，漢語一句，以明其義。又以蒙古字、漢字各對國語之音，以定其聲。漢字之音不具，則三合以取之。蒙古字之音不具，則分各種讀法、寫法、收法以取之。經緯貫穿，至精密而至明顯。循

第一章 導論

文伏讀，無不一覽了然。考《遼史・太祖本紀》稱：神冊五年，始製契丹文字。天贊三年，詔礱闢遏可汗，故碑以契丹、突厥、漢字紀其功云云。然則三體互通，使彼此共喻，實本古義。許慎作《說文》，小篆之下兼列籀文、古文以互證其字；揚雄作《方言》，每一語一物亦具載某地謂之某以互證其語。則三體彙為一編，使彼此相釋，亦因古例用達書名于四方，雖成周大同之盛，亦無以踰於斯矣。乾隆四十七年十月恭校上。

序：向既增訂清文鑑序而行之，與夫穿鑿字法，謬寓褒譏，曲解方言，傅會漢語，一切務奇求勝，亦既辨之詳矣。茲《三合切音清文鑑》書成，司事者以序為請。夫既有前序，則此可以不必重為。然前書紙載國語漢語，而未及蒙古，此書乃並載蒙古語，所為異於前書者，是不可以不闡其義。我國家自太祖、太宗以來，近邊諸蒙古部落久為世臣，而至今則喀爾喀、青海及準噶爾之四衛拉特前後歸順，蓋無一蒙古之非我臣矣。諸部語言音韻剛柔雖略殊，而大段則一，即國語雖與蒙古語異，而亦有一二相同者。朕即位初，以為諸外藩歲來朝，不可不通其語，遂習之，不數年而畢能之，至今則曲盡其道矣。侵尋而至於唐古特語，又侵尋而至於回語，亦既習之，亦既能之。既可以為餘暇之消遣，復足以聯中外之性情。因悟天下之語萬殊，天下之理則一，無不戴天而覆地，無不是是而非非，無不尊君上而孝父母，無不賢賢而惡小人。彼其於語言文字中，謬存我是彼非。入者主之，出者奴之，不亦仰而唾空，終於自污其面哉！故向有校正《金元國語解》之命，及製《西域同文志》，壹是義也。雖然，予以為亦無足深怪作金元史者之譌文。何則？彼一類之人尚有越人視秦人肥瘠之言，而況非其類者乎？又況彼實不解其語言音義乎？則又安能保千秋萬世後，不解此書者之不又將如作金元國史者之其人乎？

前書之序，並命載於後，庶幾並觀以互相發明也。乾隆四十五年正月十一日。

六、han i araha duin hacin i hergen kamciha manju gisun i buleku bithe /《御製四體清文鑑》

han i araha sunja hacin i hergen kamciha manju gisun i buleku bithe /《御製五體清文鑑》

乾隆末年，疆域穩定，"十全武功"，彰顯於世。修滿文《大藏經》，將原有"清文鑑"重新整理，加藏文成滿文、藏文、蒙古文、漢文四體合璧詞表。編修之中又敕命以阿里噶里字並滿文字母為藏文注音，並加維文及其滿文注音而成滿文、藏文（滿文注音、轉寫）、蒙古文、維文（滿文注音）、漢文五體八行對照分類詞表[①]，成《御製四體清文鑑》(han i araha duin hacin i hergen kamciha manju gisun i buleku bithe)、《御製五體清文鑑》(han i araha sunja hacin i hergen kamciha manju gisun i buleku bithe)。其中四體發行較廣，據懋勤殿[②]檔案記載，四體於乾隆五十九年（1794年）出樣書，六十年（1795年）出刻本，且大量刊印。僅懋勤殿於乾隆五十九年十二月至六十年十一月即收此書60部。而五體成書，大致在乾隆五十六年，早於四體，但未大量刊印，懋勤殿在乾隆朝僅收存2部[③]。儘管如此，五體仍以其特有的兩種藏文轉注、罕見的維文注音，以及多語種對照而

[①] 據乾隆四十二年六月清字經館移付內閣典籍廳文。一史館藏。

[②] 據《養吉齋叢錄》卷17記："懋勤殿為乾清宮西廡之中三楹，內懸基命宥密額。聖祖沖齡讀書於此。後為内廷翰林修書入直之地。"〔清〕吳振棫著，北京古籍出版社1983年，第179頁。

[③] 一史館藏宮中檔簿。懋勤殿乾隆五十五年十二月初一日至五十六年十一月二十九日新收書籍中已有五體清文鑑，而五十八年十二月初一日至五十九年十一月二十九日新收書籍中才有四體清文鑑樣本一部。可見五體早於四體成書。但翻便乾隆朝懋勤殿收存書籍檔，僅有兩部在錄。

為今天中國乃至世界學者所矚目，同時也為我們對滿語詞彙的研究提供了珍貴的語料①。

《御製五體清文鑑》為清代官修分類辭書之最，涉及的文字種類最多，資訊量覆蓋面廣，極具研究價值。在我國，20世紀50年代民族出版社根據故宮博物院藏本影印出版了《五體清文鑑》，學者李德啟、黃明信等先生撰寫了"有關五體清文鑑的一些歷史材料"②，邁開了研究的第一步。《御製五體清文鑑》在清代沒有正式刊印，無序言題跋之類，僅梓寥寥幾部，現藏北京、倫敦等地。本書第三章對《御製五體清文鑑》中"天部"和"時令部"中的滿文、藏文、蒙古文、維文的滿文讀音做出轉寫，與漢文對照，予學界共享。

---

① 有關御製四、五體"清文鑑"之編修，詳見江橋《康熙〈御製清文鑑〉研究》，北京燕山出版社，2001年。
② 見《五體清文鑑》下冊，民族出版社，1957年。

第二章 "清文鑑"分類格局比較

分類格局的實質是編纂者根據特定的需要和標準，將所收詞彙劃分為不同的類別。這一過程，真實體現了編纂者的認知體系、水準及編纂目的。因此，其中任何細微的變化都值得我們仔細的探討。

第一節 正編類目名稱及其變化

"清文鑑"是清代官修大型分類辭書的統稱，清代統治者視其有"教化天下"之功用，故編修時十分嚴謹、字斟句酌。從康熙朝《御製清文鑑》[①]至乾隆朝《御製五體清文鑑》，七種御製本在基本保持康熙朝分類體系的基礎上，類目名稱用語發生了一些變化。這其中有概念上的變化，也有詞語應用上的變化。

一、康熙朝《御製清文鑑》將12000餘條詞目分為36大類，分別使用了如下詞和詞組

abka、erin forgon、na、han、hese、hafan sindara、dasan、dorolon yangse、kumun、šu tacin、coohai gung、niyalma、hūwašan

---

① 康熙朝《御製清文鑑》（Han i araha manju gisun i buleku bithe），康熙四十七年（1708年）修成，為滿文單語辭書。

doose、ferguwecuke aldungga、daifu saman、faksi muten、tere tomoro、boigon hethe、tuwa、suje boso、etuku miyamigan、tetun jaka、weilere arara、cuwan、sejen、jetere jaka、hacingga jeku、hacingga tubihe、orho、moo、ilha、gasha cecike、gurgu、ulha ujima、esihegge hurungge、umiyaha。

在這36個類目名稱中，有單詞"abka- 天①、na- 地、han- 君、hese- 諭旨、dasan- 政、kumun- 樂、niyalma- 人、tuwa- 火、cuwan- 船、sejen- 車、orho- 草、moo- 樹木、ilha- 花、gurgu- 獸、umiyaha- 蟲。"其中有一個漢字轉音詞"cuwan"，一個阿爾泰語共有詞"han"，其餘均為滿文固有詞。

詞組有"erin forgon- 時令、hafan sindara- 設官、dorolon yangse- 禮儀、šu tacin- 文學、coohai gung- 武功、hūwašan doose- 僧道、ferguwecuke aldungga- 奇異、daifu saman- 醫巫、faksi muten- 技藝、tere tomoro- 居處、boigon hethe- 產業、suje boso- 布帛、etuku miyamigan- 衣飾、tetun jaka- 器皿、weilere arara- 營造、jetere jaka- 食物、hacingga jeku- 雜糧、hacingga tubihe- 雜果、gasha cecike- 鳥雀、ulha ujima- 牲畜、esihegge hurungge- 鱗甲。"其中"dorolon yangse"、"šu tacin"、"coohai gung"、"hūšwašan doose"、"daifu saman"等的用詞都有借用的成分。

從詞目數量分佈來看，各類很不平均。多者如"niyalma- 人"，又分為八大類，含詞目近4600條，占總數的1/3強；少者如"hese- 諭旨"，僅有詞目18條。

其中有些詞或詞組同時用於其下位類目。如：
abkai šošohon, abkai hacin；
erin forgon šošohon, erin forgon i hacin；
na i šošohon, na i hacin；

---

① 漢譯參考與其時代最接近的乾隆朝《御製增訂清文鑑》。下同。

han i šošohon，han i hacin；

hesei šošohon，hesei hacin；

dasan i šošohon，dasan i hacin（後面還有 giyarire kederere hacin，baita sita i hacin，largin lampa i hacin 等）

dorolon yangse i šošohon，dorolon hacin，（後面還有 yamulara isara hacin；doroloro hengkilere hacin 等）

完全不相重的情況有如：

hafan sindara šošohon：gūsa nirui hacin；ambasa hafasa i hacin；wesimbure baitalara hacin；simnere sonjoro hacin。

šu tacin i šošohon：bithei hacin；bithei tacin i hacin；bithei tacihiyan i hacin；ton i hacin.

二、變化

如導論第三節中所述，在康熙朝《御製清文鑑》之後，清朝政府陸續修成一系列"清文鑑"本，從滿文單體到滿蒙合璧、滿漢合璧、滿蒙漢合璧、滿蒙藏漢合璧、滿藏蒙維漢合璧，文字的種類逐漸增多，類目用語也發生了一些變化。

1. 基本詞含義的分與合。

以"abka"為例。經歷了 abka — abkai šu — abka 的過程。

該類目中包含了"abka- 天、šun- 日、biya- 月、usiha- 星、oron- 辰、tugi- 雲、talman- 霧、akjan- 雷、talkiyan- 電、aga- 雨、bono- 雹、silenggi- 露、gecen- 霜、nimanggi- 雪、sukdun- 氣、edun- 風"等相關自然現象的詞語，體現了"abka"作為類詞對天文類概念的涵概性。康熙朝《御製清文鑑》，對"abka"一詞中作了如下解釋：

（原文）

abka, umesi den tumen jaka be elbehengge be abka sembi. sing li bithede, judzi i henduhengge, abka, in yang, sunja feten i tumen jaka be wembume banjibumbi sehebi. luwen ioi bithede, colgoropi damu abka amba, damu yoo teherembi sembi.

（譯文）

　　天，甚高覆蓋萬物者為天。《性理》朱子曰："天以陰陽、五行造化萬物。"《論語》曰："巍巍乎，唯天為大，唯堯則之。"

　　由這一解釋可以明顯感到"abka"的含義與天文氣象之間的差距。

　　乾隆朝（中期）修成的《御製增訂清文鑑》是"清文鑑"系列中最早的滿漢合璧本。其中出現了"abka šu- 天文"，將"abka"的部分含義規範為"abka šu"，十分貼切。應該說，這種變化開闢了滿文繼續豐富發展的端倪。

　　有意思的是，二十多年後，同樣成書於乾隆朝（末期）的《御製五體清文鑑》仍以"abka"作為天文類目名稱，未採用"abka šu"，可見這種變化對於滿文來講應用性並不強，穩定性也無從談起。在《清文總彙》等清代滿文詞典中也只收錄了像"abka šu na i giyan 天文地理"這樣的用語[①]。這一現象恰恰符合了滿文發展到乾隆中後期興而又衰的過程。

　　類似的情況還有：

　　dorolon — dorolon yangse — dorolon

　　"增訂"改為"dorolon yangse- 禮儀"，"五體"又改回"dorolon- 禮"，漢文使用了"禮儀類"，滿文仍用"dorolon i hacin"，沒有使用"yangse"作為輔助詞。除"dorolon i hacin- 禮儀類"外，康熙朝

---

① 《清文總彙》卷一，二十八頁下。

《御製清文鑑》有"yamulara isara hacin- 上衙門聚集類"、"doroloro hengkilere hacin- 禮拜類"等，五體將其劃分為：禮儀類、鹵簿器用類、朝集類、禮拜類、筵宴類、祭祀類、祭祀器用類、喪服類、灑掃類。

有些詞語情況類似，漢文有了變化，滿文沒有做改動，如：

"地"—"地輿"—"地"，滿文同樣都用"na"。

"政"—"政事"—"政"，滿文同樣用"dasan"。

2．將漢文借詞改為滿文自有詞。

如："daifu"—"oktosi"。"daifu saman- 醫巫"中的"daifu"改用"oktosi"。

"cuwan"—"jahudai"。前者是漢文音譯的"船"，而後者是滿文自有詞。

第二節　類目所用詞語含義範圍的細微變化

"erin forgon- 時令"

它是由"erin- 時、時辰"和"forgon- 季、天運之運、時序之序"兩個單獨的詞組合而成。這一類中的詞語以"陽陰五行"、"水火木金土"開篇，包括干、支、四季、節氣等一系列表示時間的詞與詞組，相對應的漢文為"時令"。其中"erin"表時間，"forgon"有更迭運轉之意，甚為貼切。在此類最後附著了一些因自然現象而形成的狀態，如："nilgiyan- 光滑"、"kaltarambi- 滑跌"等，應該說超出了單純"時令"的範疇。

"na- 地"

在這一類中包含有與各種"地"、"土"、"地形"、"土質"、"山川河流"、"方位"等相關的詞語，用"地輿"來概括最為貼切。如上所述，至《御製增訂清文鑑》，雖然漢文用了"地輿"，滿文卻沒有出現一個合適的詞與"na"合成一個詞組貼切地表示"地輿"的概念。

"han- 君"

此詞為阿爾泰語系語言特有詞，代表的是有至高權力的人。它與"abkai jui- 天子"，"hūwangdi- 皇帝"，"ejen- 主"，"dergi- 上"，"dele- 皇上"同為稱謂君主的詞，"清文鑑"以它作為類目名稱對應漢語的"君"，包含有如"abkai jui- 天子，hūwangdi- 皇帝，han- 君，ejen- 主，dergi- 上，dele- 皇上，tumen se- 萬歲，enduringge ejen- 聖主，genggiyen ejen- 明君，hūwang taidzi- 皇太子，age- 皇子，gioro- 覺羅，hūwangheo- 皇后，hūwang guifei- 皇貴妃"等等皇家成員的稱謂詞，而在"enduringge ejen- 聖主"，"genggiyen ejen- 明君"這樣的詞組中使用"ejen"，足見其作為上位詞的地位，與其他幾詞不能等同。"han"在阿爾泰語系中是一個很重要的詞，古突厥、回鶻、蒙古均使用此詞。儘管在此類目下的詞多為漢語借詞，但滿文的"國書"地位由此顯現。

"hese- 諭旨"

在康熙朝《御製清文鑑》中，"hesei šošohon"下只有"hesei hacin"一類，包含與"諭旨"和"諭旨"下達相關的內容。如："hese- 旨，selgiyere hese- 詔，guwebure hese- 赦，kesi- 恩，šangnahan- 賞，boobai- 寶，jalasu- 節"等等。自《御製增訂清文鑑》起增加了"fungnere temgetulere hacin- 封表類"。《御製五體清文鑑》中增加ulhibure hese- 誥，tacibure hese- 勅，tugitun- 朵雲，tugingngge fan- 雲盤，han i fisen- 帝系，han i uksun i ejehe- 玉牒等詞，這些現象與清政權體制的變化息息相關。

"hafan sindara- 設官"

其中包括"gūsa nirui hacin- 旗分佐領類"，"ambasa hafasa i

hacin- 臣宰類"，"wesimbure baitalara hacin- 升用類"①，"simnere sonjoro hacin- 考選類"，至乾隆朝《御製增訂清文鑑》起，將此部一分為二："gūsa nirui- 旗分佐領"獨立，為"設官部一"；"ambasa hafas- 臣宰"，"wesimbure forgošoro- 升轉"、"simnere sonjoro- 考選"，合為"設官部二"，足顯八旗之要位。

"dasan- 政"

漢文對譯於"政"與"政事"之間②，滿文均以"dasan"一詞坐陣。此類中除去"dasan- 政事"外，還包含"giyarire kederere - 巡邏"、"baita sita- 事務"、"largin lampa- 繁冗"、"baita icigiyara- 辦事"、"alban takuran- 官差"、"idulame yabure- 輪班行走"、"becunure temšere- 爭鬥"、"habšara duilere- 詞訟"、"erun koro- 刑罰"、"tantara forire- 捶打"、"oncodoro guwebure- 寬免"、"nacihiyara torombure- 安慰"等。這是"dasan"所包含的大義項。而對"dasan"一詞的細致了解，可以從其中所包括的詞語得到深化。在此不加贅述。

歸結起來，變化呈以下特點：

第一，分類格局前後相承。

從一體到五體，正編保持分類格局一脈相承。因社會變化帶來的一些特殊需求，以補編彌補之。這為我們在同一體系下尋找差異，發現變化，進而得出結論提供了條件。

第二，增寫了部、類的漢文意義。

一體是滿文單語辭典，沒有漢文，無論是部、類名稱或下面的詞語的漢文意義都是乾隆朝增寫的。乾隆三十六年（1771年）的《御製增訂清文鑑》肇始。這使得我們可以從滿文原文和漢譯中找到它

---

① 此類名與《御製增訂清文鑑》相應之滿文類名不同，故由筆者自譯。《御製增訂清文鑑》相應之滿文類名為"wesire forgošoro hacin"，漢譯為"升轉類"。
② 《御製增訂清文鑑》出現"dasan i hacin- 政事類"，在《御製五體清文鑑》中漢文寫為"政類"。

們之間的關係。

第三，滿文部、類名稱用同樣的詞，出現不同漢譯，且在"增訂"和"五體"中發生變化。

如："abkai šošohon"天部對比"abkai hacin"——"天文類"——"天類"等。

第四，增加"類"。

如："hesei šošohon 諭旨部"中的"fungnere temgetulere hacin 封表類"；"dorolon yangse i šošohon 禮儀部（dorolon i šošohon 禮部）"中的"faidan de baitalara jaka i hacin 鹵簿器用類"；"šu tacin i šošohon 文學部①"增加了"bithei tacin de baitalara jakai hacin 文學什物類"和"durungga tetun i hacin 儀器類"；"coohai gungge i šošohon 武功部一"中增加了"fiyelere hacin 騙馬類"；"hūwašan doose i šošohon 僧道部"增加了"enduri hacin 神類"；" tere tomoro šošohon jai 居處部二"增加了"mukdehun juktehen i hacin 壇廟類"、" jurgan yamun i hacin（衙署類——增訂）部院類"；"gurgu i šošohon 獸部②"增加了"gurgu aššara arbušara hacin 走獸動息類"；"esihegge hurungge i šošohon 鱗甲部③"增加了"esihegge hurungge i beye i hacin 鱗甲肢體類"。

第五，將一"部"分為多"部"

如：設官部分為"hafan sindara šošohon uju 設官部一"和"hafan sindara šošohon jai 設官部二"；"人部"由八個增為九個；"居處部"一分為三；"食物部"一分為二。

第六，部類名稱用詞發生了變化，如：

---

① 此部的四類六則至《御製增訂清文鑑》變為六類十五則。五體寫為四類六則，實則六類十五則。
② 此部的二類五則在《御製增訂清文鑑》中為三類九則。
③ 此部的二類三則在《御製增訂清文鑑》中為四類七則。

"wesimbure baitalara hacin（升用類①）"改為"wesire forgošoro hacin 升轉類";

"dasan i hacin, 政事類"改譯為"政類";

"dorolon yangse i šošohon 禮儀部②"改為"dorolon i šošohon 禮部";

"yamulara isara hacin, 上衙門聚集類③"改為"hargašara isara hacin 朝集類";

"banin gūnin i hacin, 性念類④"改為"banin buyenin i hacin 性

---

① 此類名與《御製增訂清文鑑》相應之滿文類名不同，故由筆者自譯。《御製增訂清文鑑》相應之滿文類名為"wesire forgošoro hacin"，漢譯為"升轉類"。

② 《御製增訂清文鑑》中與此部相對應的是"dorolon i šošohon"，漢譯為"禮部"，無"yangse"一詞。以筆者拙見："yangse"一詞來源於漢語"樣子"之譯音。當然，此詞在滿文中的含義並不等同於漢文的"樣子"。在"清文鑑"系列中，此詞分別出現在衣飾部的"梳妝類"和車部的"車轎類"。乾隆朝《御製增訂清文鑑》只簡單地將其譯為"文采"和"牛樣子"，後面的滿文解釋未譯成漢文，看後仍覺意思不清楚。在康熙朝的《御製清文鑑》中，此詞分別解釋為：梳妝類：fujurungga saikan be, yangse sembi. ši ging ni siyoo ya i cang cang je hūwa fiyelen de, bi agu be ucaraci yala yangse bi. yala yangse bici, tuttu fengšengge ombi sehebi. 車轎類：ihan i meifen de tabure mudangga moo be, yangse sembi. 由滿文得知，此詞的原意為"牛樣子"，即（為駕車）在牛脖子上壓的彎木。至於"文采"，原本是形容人相貌端莊美麗的。這一點，從所引《詩經·小雅·裳裳者華》篇中的語句"我覯之子，維其有章矣。維其有章矣，以有慶矣"對此詞的用法得到證實。故而在此筆者將此部名自譯為"禮儀"，竊以為是尊重了原文。乾隆朝《御製增訂清文鑑》未用此詞，漢譯為"禮部"。無論如何，這個詞已深深地紮根於滿文之中，而且產生了自己的新意。此部的八類八則在《御製增訂清文鑑》中變為九類十六則。——轉引自江橋《康熙〈御製清文鑑〉研究》，北京燕山出版社，2001年，第38頁。

③ 《御製增訂清文鑑》無此類，而有"朝集類"，滿文為"hargašara isara hacin"，為忠實原文，更為比較康、乾兩朝用語之不同而至其所反映的內容的不同，筆者直譯如此。由"上衙門"到"上朝"，明顯看出清王朝規制的變化。更重要的是，《御製增訂清文鑑》在此類之前加了"鹵簿類"五則，滿文為"faidan de baitalara jaka i hacin"，傳統禮儀愈加規範完善。

④ 《御製增訂清文鑑》與此類目相對應者為"性情"類，滿文作"banin buyenin i hacin"，分二則。由於二者滿文不同，為忠實於原文，自譯如此。

情類";

"fucihi enduri i hacin, 佛神類①"改為"fucihi i hacin, 佛類";

"daifu② saman i šošohon 醫巫③部"滿文改為"oktosi saman i šošohon 醫巫部";相應的"daifurame④ dasara hacin, 醫治類"滿文改為"oktosilame dasara hacin 醫治類";

"gūlha wase⑤ i hacin, 靴襪類"滿文改為"gūlha fomoci i hacin";

"usin i agūra i hacin, 農器類"滿文改為"usin weilere agūra i hacin";

"tuwa i šošohon 火部⑥"滿文改為"tuwa šanggiyan i šošohon";

"gūlha wase⑦ i hacin, 靴襪類"滿文改為"gūlha fomoci i hacin";

---

① 《御製增訂清文鑑》中將此分為"佛類"二則和"神類"一則,將"佛"與"神"分開排列解釋。
② 此詞在乾隆朝《御製增訂清文鑑》中改為"oktosi",由漢語音譯詞轉為滿文自有詞,這一變化很有代表性。筆者小考:滿文"daifu"一詞源自漢語,為"大夫"之音譯。漢語"大夫"為官名,自殷周至明清不變(據《辭源》第661頁),此詞在滿文有"daifan"與之相對應(據《清文總彙》第654頁);另有一義表示從事醫治病人工作的人,即醫生。據考,宋代"醫官別設官階,有大丞、郎、醫效、祗侯等"(據《辭源》第661頁,《辭海》第621頁),後稱醫生為"大夫",且為北方用語。康熙朝《御製清文鑑》中轉用北方漢語"大夫"的音譯"daifu"一詞表示滿文"醫生"之意,而乾隆朝即改為"oktosi"。此詞來源於滿文"okto",漢譯為"藥","si"為滿文名詞後綴,表示從事某種職業的人。由"daifu"到"oktosi"的演變過程,或許可以看出滿文詞彙的發展脈絡。這裏要強調的是,康熙朝《御製清文鑑》中無"oktosi"一詞,由此可斷定此詞是之後才被官方確定使用的(據《御製清文鑑》總綱四,第2頁)。
③ 此處將"saman"一詞譯為"巫",乃乾隆朝所為,用於這裏是否準確,有待進一步深入研究。
④ 《御製增訂清文鑑》此詞改為"oktosilame",與"daifu"改為"oktosi"道理相同。
⑤ 此詞為漢語"襪子"之音譯詞,在《御製增訂清文鑑》中改為"fomoci",又是一個以滿文自有詞代替漢文音譯詞的例子。
⑥ 《御製增訂清文鑑》此部為"tuwa šanggiyan i šošohon"煙火部。此部之一類二則在《御製增訂清文鑑》中為四則。
⑦ 此詞為漢語"襪子"之音譯詞,在《御製增訂清文鑑》中改為"fomoci",又是一個以滿文自有詞代替漢文音譯詞的例子。

"nirure iolere①（simenggilere）hacin, 油畫類"；

"cuwan② i šošohon 船部③" 滿文改為 "jahudai i šošohon"；

"cuwan weihu④ i hacin, 船類⑤" 滿文改為 "jahudai i hacin"；

"sejen i šošohon 車部" 改為 "sejen kiyoo i šošohon⑥，車轎部"；

"gasha i arbušara hacin,（gasha i aššara arbušara hacin）飛禽動作（息）類"⑦；

"coohai gung ni šošohon" 改為 "coohai gungge i šošohon" 武功部。

第七，"部"與"部"之間類項交叉。

如："人部二"和"人部三"之間，"人部"五、六、七、八之間；"產業部"一、二有交叉。

附：《御製清文鑑》（康熙四十七年，1708）、《御製增訂清文鑑》（乾隆三十六年，1771）與《御製五體清文鑑》（乾隆五十六年，1791）類目對照

說明：宋體（滿文轉寫用 Times New Roman 如：abkai hacin）表示康熙朝《御製清文鑑》的情況，仿宋體（如：sindara šošohon）表示乾隆五十六年《御製五體清文鑑》的變化情況，方正蘭亭宋（如：

---

① 此詞為漢語音譯詞，在乾隆朝《御製增訂清文鑑》中改為"simenggilere"，又是一個以滿文自有詞代替漢文音譯詞的例子。

② 此漢語"船"字之音譯詞在乾隆朝《御製增訂清文鑑》中改為"jahudai"。

③ 此部的一類一則在《御製增訂清文鑑》中為四則。

④ 此處的"cuwan- 船""weihu- 小船"在乾隆朝《御製增訂清文鑑》中改為"jahudai"。有趣的是，"weihu"一詞現在在黑河地區還被使用，1999年夏，筆者去黑河市張地營子，那裏的副鄉長是外地來的漢族，說到鬧災，鄉幹部們"划着 weihu 到下面去視察"。可見"weihu"一詞已進入當地漢語詞彙。

⑤ 《御製增訂清文鑑》為四則。

⑥ 《御製五體清文鑑》目錄將 šošohon 錯寫為 hacin。

⑦ 此條在乾隆朝《御製增訂清文鑑》中為"gasha i aššara arbušara hacin- 飛禽動息類"，二則。此條漢文為筆者依仿後面"牲畜部，馬匹動作類"而譯。

gabtara hacin）表示變化後類目之間有交叉。乾隆三十六年《御製增訂清文鑑》的變化情況放在注釋中。由於《御製五體清文鑑》的分類格局更接近於《御製增訂清文鑑》，故其變化有很多交叉。

1. abkai šošohon　天部①（一類七則）
   abkai hacin，4②，天文類③，四則④（七則）

2. erin forgon i šošohon　時令部（一類九則）
   erin forgon i hacin，7，時令類，七則⑤（九則）

3. na i šošohon　地部（一類十四則）
   na i hacin，9，地輿類，九則⑥（十四則）

4. han i šošohon　君部（一類二則）
   han i hacin，君類（二則）

5. hesei šošohon　諭旨部（二類三則）
   hesei hacin　諭旨類⑦
   fungnere temgetulere hacin　封表類（二則）

---

① 各部、類名稱的漢義在康熙朝《御製清文鑑》中沒有，自乾隆朝《御製增訂清文鑑》開始出現。
② 此阿拉伯數字代表原文中"則"的數量。由於原鑑不獨立寫出"則"數，而是按順序排列，如："abkai hacin uju; abkai hacin jai; abkai hacin ilaci; abkai hacin duici." 為節省篇幅，此處以阿拉伯數字代之，下同。
③ 乾隆朝《御製增訂清文鑑》（三十六年，1771）將這裏的"abka"譯成"天文"，從此類中所含內容看是非常貼切的。它與古代"天文"一詞的含義基本相同，即：既包括日月星辰等天體在宇宙間運行的現象，也包括風、雲、雨、露、霜、雪等地文現象（詳見《辭源》684頁，商務印書館1979年版）。所以在此采用了乾隆朝《御製增訂清文鑑》的這一譯法。實際上，滿文"abka"的意義是在不斷發展變化的。與漢語的"天文"意義相對應的滿文後規範為"abka šu"（《清文總彙》卷一，二十八頁下）。五體又寫為"天"。
④ 此類在《御製增訂清文鑑》中分成了七則。
⑤ 《御製增訂清文鑑》為九則。
⑥ 《御製增訂清文鑑》為十四則。
⑦ 《御製增訂清文鑑》為二類三則，增"封表類"二則。

6. hafan sindara šošohon uju 設官部①（一，一類二則）
　　gūsa nirui hacin 旗分佐領類（二則）
　　hafan sindara šošohon jai 設官部（二,三類十六則）
　　ambasa hafasai hacin 臣宰類（十四則）
　　wesimbure baitalara hacin 升用類②（wesire forgošoro hacin 升轉類）
　　simnere sonjoro hacin 考選類

7. dasan i šošohon 政部③（十三類二十則）
　　dasan i hacin, 政事類（政類）
　　giyarire kederere hacin, 巡邏類
　　baita sita i hacin, 事務類④（四則）
　　largin lampa i hacin, 繁冗類
　　baita icihiyara hacin, 辦事類，二則
　　alban takuran i hacin, 官差類
　　idurame yabure hacin, 輪班行走類
　　becunure temšere hacin, 爭鬥類，二則
　　habšara duilere hacin, 詞訟類，二則⑤
　　erun koro i hacin, 刑罰類，二則
　　tantara forire hacin, 捶打類
　　oncodoro guwebure hacin, 寬免類

---

① 《御製增訂清文鑑》中此一部分為二部：第一部包括"旗分佐領"二則；第二部包括三類十六則，其中臣宰類十四則，升轉類、考選各占一則。
② 此類名與《御製增訂清文鑑》相應之滿文類名不同，故由筆者自譯。《御製增訂清文鑑》相應之滿文類名為"wesire forgošoro hacin"，漢譯為"升轉類"。
③ 《御製增訂清文鑑》此部中類數未變，則數由十七則變為十九則。
④ 《御製增訂清文鑑》此類有四則。
⑤ 《御製增訂清文鑑》此類僅一則。

nacihiyara torombure hacin, 安慰類

　8.dorolon yangse i šošohon 禮儀部（dorolon i šošohon 禮部，九類十六則）

　　dorolon hacin, 禮類①（禮儀類）
　　faidan de baitalara jaka i hacin 鹵簿器用類，五則
　　yamulara isara hacin, 上衙門聚集類（hargašara isara hacin 朝集類）
　　doroloro hengkilere hacin, 禮拜類
　　sarin yengsi i hacin, 筵宴類
　　wecere metere hacin, 祭祀類②，二則
　　wecere metere de baitalara jaka i hacin, 祭祀器用類③，二則
　　jobolon sinagan i hacin, 喪服類，二則
　　fusure erire hacin, 灑掃類

　9.kumun i šošohon 樂部④（二類六則）
　　kumun i hacin, 樂類⑤，三則
　　kumun de baitalara jaka i hacin, 樂器類⑥，三則

　10.šu tacin i šošohon 文學部⑦，四類六則（六類十五則）

---

① 此處《御製增訂清文鑑》用了"禮儀"，然滿文只有"dorolon"，前面的"dorolon i šošohon"譯為"禮部"，這裏的"dorolon hacin"又譯為"禮儀類"，很不規範。為忠實原文，筆者自譯為"禮類"。
② 《御製增訂清文鑑》此類分二則。
③ 《御製增訂清文鑑》此類分二則。
④ 此部的二類二則至《御製增訂清文鑑》變為二類六則。
⑤ 《御製增訂清文鑑》為三則。
⑥ 《御製增訂清文鑑》為三則。
⑦ 此部的四類六則至《御製增訂清文鑑》變為六類十五則。五體寫為四類六則，實則六類十五則。

bithei hacin, 書類, 三則① （八則）

bithei tacin i hacin, 文學類

bithei tacihiyan i hacin, 文教類

<u>bithei tacin de baitalara jakai hacin</u> 文學什物類, 二則

<u>durungga tetun i hacin</u> 儀器類

ton i hacin, 數目類②, 二則

11. coohai gung ni šošohon(<u>coohai gungge i šošohon</u>) uju 武功部, 一③（七類十六則）

coohai hacin, 兵類

tuwakiyara seremšere hacin, 防守類

afara dailara hacin, 8, 征伐類, 共八則

<u>gabtara hacin</u>, 2, 步射類, 二則④——原置於武功部一

<u>niyamniyara hacin</u>, 騎射類⑤——原置於武功部一

<u>fiyelere hacin</u> 騙馬類

<u>jafunure hacin</u>, 2, 摜（撩）跤類, 二則⑥

coohai gung ni šošohon(<u>coohai gungge i šošohon</u>) jai 武功部,

---

① 《御製增訂清文鑑》為八則。
② 《御製增訂清文鑑》在此類之前加有"文學什物類"二則, 滿文為"durungga tetun i hacin"; "儀器類"一則, 滿文為"durunga tetun i hacin"。
③ 此部共三類十則, 至《御製增訂清文鑑》變為七類十六則。增加的類別有: "步射類"二則、"騎射類"、"騙馬類"、"摜跤類"二則。然上述一、二、四類在《御製清文鑑》武功部二中含有, 故實際上只有"騙馬類"是增加的。
④ 此類在《御製增訂清文鑑》中被列在"武功部一"中。
⑤ 此類在《御製增訂清文鑑》中被列在"武功部一"中。
⑥ 此類在《御製增訂清文鑑》中被列在"武功部一"中。

二①（六类十八则）

　　aba saha i hacin, 2, 畋獵類, 三則
　　giyahūn indahūn efire hacin, 頑鷹犬類
　　coohai agūra i hacin, 3, 軍器類, 三則②（七則）
　　coohai agūra weilere hacin, 2, 制造軍器類, 二則③（四則）
　　jebele dashūwan i hacin, 撒袋弓靫類
　　enggemu hadala i hacin, 2, 鞍轡類, 二則

12. niyalmai šošohon, uju 人部, 一④（六類十九則）
　　niyalmai hacin, 3, 人類, 三則⑤（五則）
　　niyalmai ciktan i hacin, 2, 人倫類, 二則
　　niyaman hūncihin i hacin, 親戚類
　　gucu gargan i hacin, 朋友類
　　sakda asihan i hacin, 2, 老少類, 二則
　　niyalmai beye i hacin, 8, 人身類, 八則

　　niyalmai šošohon, jai 人部, 二⑥（十四類二十三則）
　　banin giru i hacin, 8, 容貌類, 八則

---

① 此處的九類十七則在《御製增訂清文鑑》中為六類十八則，注意《御製清文鑑》和《御製增訂清文鑑》的"武功部一"和"武功部二"有交叉。
② 此類在《御製增訂清文鑑》中為七則。
③ 此類在《御製增訂清文鑑》中為四則。
④ 人部共分八部，而《御製增訂清文鑑》中的人部分九部，故二者各部順序有交叉。此部的六類十七則在《御製增訂清文鑑》中變為十九則。
⑤ 此類在《御製增訂清文鑑》中為五則。
⑥ 此部的十一類十九則在《御製增訂清文鑑》中變為十四類二十三則。最後的"敬慎"、"親和"、"儉省"三類在《御製清文鑑》中被列入"人部三"中。

banin gūnin i hacin, 性念類① (banin buyenin i hacin 性情類)

hūturi fengšen i hacin, 福祉類

bayan elgiyen i hacin, 富裕類

hiyoošulara ujire hacin, 孝養類

ahūcilara deocilere hacin, 友悌類

gosin jurgan i hacin, 仁義類

tondo bolgo i hacin, 忠清類

sure mergen i hacin, 聰智類

erdemu muten i hacin, 德藝類

ujen nomhon i hacin, 2, 厚重類, 二則

ginggun olhoba i hacin, 敬慎類②

habcihiyan hūwaliyasun i hacin, 親和類③

malhūn kemungge i hacin, 儉省類④ (省儉類)

niyalmai šošohon, ilaci 人部, 三⑤ (十八類二十則)

kicere faššara hacin, 勤勉類 (黽勉類)

baturu kiyangkiyan i hacin, 勇健類

gebun algin i hacin, 名譽類 (名聲類)

saišara maktara hacin, 稱獎類

---

① 《御製增訂清文鑑》與此類目相對應者為 "性情" 類, 滿文作 "banin buyenin i hacin", 分二則。由於二者滿文不同, 為忠實於原文, 自譯如此。
② 此類在《御製增訂清文鑑》中歸入人部二。
③ 此類在《御製增訂清文鑑》中歸入人部二。
④ 此類在《御製增訂清文鑑》中歸入人部二。
⑤ 此部的十九類二十則在《御製增訂清文鑑》中變為十八類二十則。注意《御製清文鑑》和《御製增訂清文鑑》的 "人部二" 和 "人部三" 的內容有交叉。

fonjire jabure hacin, 問答類① （二則）

tuwara šara hacin, 2, 觀視類，二則

donjire ulhire hacin, 聆會類

hūlara elkire hacin, 喚招類

kimcire yargiyalara hacin, 詳驗類

hacihiyara šorgire hacin, 催逼類

elhešere tookabure hacin, 遲誤（悮）類

akdara nikere② hacin, 倚靠類

bure gaire hacin, 取與類

aisilara tuwašatara hacin, 助濟類

neigenjere salara hacin, 均賑類

dendere bahabure hacin, 分給類③

benere ganara hacin, 取送類④

goboloro bontoh(k)oloro hacin, 落空類⑤

niyalmai šošohon, duici　人部，四⑥（十七類十八則）

baire erere hacin, 求望類

banjire hūwašara hacin, 生育類⑦

---

① 此類在《御製增訂清文鑑》中為二則。
② 五體目錄錯寫成"ikere"第1631頁，文中為"nikere"第1613頁。
③ 《御製增訂清文鑑》將"人部四"中的"benere ganara hacin - 取送類"和"goboloto bontoholoro hacin - 落空類"移至此部。
④ 此類在《御製增訂清文鑑》中歸人部三。
⑤ 此類在《御製增訂清文鑑》中歸人部三。
⑥ 此部的十九類二十則在《御製增訂清文鑑》中變為十七類，十八則。注意《御製清文鑑》和《御製增訂清文鑑》的"人部三"和"人部四"的內容有交叉。
⑦ 《御製增訂清文鑑》人部四的第一類為新增加的"baire erere hacin - 求望類"，排在此類之前。

jui banjire hacin, 生產類

urgun sebjen i hacin, 喜樂類

buyere hairara hacin, 愛惜類

injere injekušere hacin, 嬉笑類

yobo efin i hacin, 戲耍類

yadahūn hibcan i hacin, 貧乏類

damtulara juwen gaire hacin, 當借類

omin yuyun i hacin, 饑饉類

beyere šurgere hacin, 寒戰類

gasara korsoro hacin, 怨恨類

ališara jobošoro hacin, 愁悶類

aliyara nasara hacin, 悔嘆類

songgoro usara hacin, 哭泣類

jilidara ushara hacin, 怒惱類

gelere sengguwere hacin, 2, 怕懼類, 二則

niyalmai šošohon, sunjaci 人部, 五① (五類十七則)

gisun leolen i hacin, 4, 言論類, 四則

jilgan asuki i hacin, 5, 聲響（音）類, 五則② (六則)

iletu somishūn i hacin, 隱顯類

tere ilire hacin, 2, 坐立類, 二則

yabure sujure hacin, 4, 趨（行）走類, 四則

---

① 此部的九類二十一則在《御製增訂清文鑑》中變為五類十七則。
② 《御製增訂清文鑑》此類為六則。

niyalmai šošohon, ningguci 人部，六① （十六類十八則）

teyere ergere hacin, 歇息類②

genere jidere hacin, 去來類

šadara cukure hacin, 疲倦類

dedure amgara hacin, 2, 睡臥類，二則

hūdulara ekšere hacin, 急忙類

bibo（u）③re unggire hacin, 留遣類

gurire nuktere hacin, 遷移類

acinggiyara aššara hacin, 搖動類

jafara sindara hacin, 拿放類

fahara sore hacin, 擲撒類

ucarara tunggalara hacin, 遇合類

ubiyara eimere hacin, 2, 憎嫌類，二則

necire nungnere hacin, 侵犯類

fusihūlara basure hacin, 鄙薄類

kimun bata i hacin, 仇敵類

becere dangsire hacin, 責備類

niyalmai šošohon, nadan 人部，七④（十一類十五則）

adunggiyara akabure hacin, 折磨類⑤

---

① 此部的十九類二十二則在《御製增訂清文鑑》中為十六類，十八則。
② 《御製增訂清文鑑》自此類始編入"人部六"。
③ 《御製清文鑑》中寫為"o"，《御製增訂清文鑑》寫作"u"，二者在滿文的寫法中只差一個點。按現今總結的滿語語法，此處的這個字母乃滿文"使、被動態"的附加成分，應為"u"。但因"老滿文"無圈點，"o"、"u"不分，此詞典成書於康熙朝，故筆者不能肯定這是印刷錯誤還是當時習用的寫法。
④ 此部的二十類二十二則在《御製增訂清文鑑》中為十一類，十五則。
⑤ 《御製增訂清文鑑》自此類始為"人部七"。

toore firure hacin, 咒罵類
ubašara fudarara hacin, 叛逆類
ukara jailara hacin, 逃避類
hūlhara durire hacin, 竊奪類
nimeku jadaha i hacin, 2, 疾病類, 二則
nimere nidure hacin, 2, 疼痛類, 二則① （三則）
yoo šugi i hacin, 2, 瘡膿類, 二則
aibire hukšere hacin, 腫脹類
feye furdan i hacin, 傷痕類
eden dadun i hacin, 殘缺類

niyalmai šošohon, jakūci 人部, 八② （十六類十七則）
dabali mamgiyakū i hacin, 僭奢類③
dufe sirke i hacin, 淫黷類
buhiyere kenehunjere hacin, 猜疑類
cokto bardanggi hacin, 驕矜類
oilohon balama i hacin, 輕狂類
etuhušere gidašara hacin, 強凌類
budun eberi hacin④, 2, 懦弱類, 二則
mentuhun hūlhi i hacin, 愚昧類

---

① 《御製增訂清文鑑》此類為三則。
② 此部在《御製增訂清文鑑》中為"人部九"。此部的十三類十九則在《御製增訂清文鑑》之"人部九"中為十三類，二十則。
③ 《御製增訂清文鑑》自此類始為"人部八"共十六類，十七則。
④ 《御製增訂清文鑑》為"budun eberi i hacin"，加了格助詞"i"，從語法上更為規範，但康熙朝未用"i"，可能是口語語音上的原因，因為前面的音節正好是以元音"i"結尾，兩音相重，從讀音上自然省略。

endebuku ufaracun i hacin，過失類

girucun yertecun i hacin，羞愧類

hatan doksin i hacin，暴虐類

banuhūn bulcakū i hacin，懶惰類

heolen calh（g）ari①i hacin，疏慢類

holtoro eiterere hacin，欺哄類

jalingga miosihon i hacin，奸邪類

acuhiyan haldaba i hacin，讒諂類

niyalmai šošohon，uyuci，人部九，十三類二十則

ehe oshon i hacin，2，兇惡類，二則

doosi gamji i hacin，貪婪類

langse nantuhūn i hacin，邋遢類

usun seshun i hacin，厭惡類

buya subsi i hacin，鄙瑣類

modo murikū i hacin，鈍繆類

oboro silgiyara hacin，洗漱類

olhobure sengsebure hacin，乾燥類

usihire derbere hacin，潮濕類（濕潮類）

šoyoro sidarara hacin，屈伸類（抽展類）

yooni jiduji i hacin，完全類

bi si sere hacin，2，爾我類，二則

sula gisun i hacin，5，散語類，五則②（六則）

---

① 此詞在《御製增訂清文鑑》中寫為"calgari"。
② 《御製增訂清文鑑》此類為六則。

13. hūwašan doose i šošohon 僧道部① （二類三則）

fucihi enduri i hacin, 佛神類②（fucihi i hacin, 佛類）

enduri hacin 神類

14. ferguwecuke aldungga i šošohon 奇異部（一類一則）

hutu ibagan i hacin, 鬼怪類

15. daifu saman i šošohon 醫巫③部（oktosi saman i šošohon 醫巫部）

daifurame④ dasara hacin, 醫治類（oktosilame dasara hacin 醫治類）

16. faksi muten i šošohon 技藝部⑤（二類三則）

mekteme efire hacin, 賭戲類

efire jaka i hacin, 戲具類⑥

17. tere tomoro šošohon 居處部⑦一,（二類二則）

hoton hecen i hacin, 城郭類

jugūn giyai hacin, 街道類

tere tomoro šošohon jai 居處部二,三類十四則

---

① 此部的一類一則在《御製增訂清文鑑》中為二類三則。
② 《御製增訂清文鑑》中將此分為"佛類"二則和"神類"一則，將"佛"與"神"分開排列解釋。
③ 此處將"saman"一詞譯為"巫"，乃乾隆朝所為，用於這裏是否準確，有待進一步深入研究。
④ 《御製增訂清文鑑》此詞改為"oktosilame"，與"daifu"改為"oktosi"道理相同。
⑤ 此類的二類二則在《御製增訂清文鑑》中為三則。
⑥ 《御製增訂清文鑑》此類為二則。
⑦ 此部有六類七則，《御製增訂清文鑑》將此"居處部"一分為三，"居處部一"有二類二則，"居處部二"有三類十三則，"居處部三"有三類六則。

第二章 "清文鑑"分類格局比較

gung① diyan② i hacin, 宮殿類③
mukdehun juktehen i hacin　壇廟類
jurgan yamun i hacin　部院類④, 十二則

tere tomoro šošohon ilaci 居處部三, 三類六則
boo hūwa i hacin, 2, 室家類⑤, 二則⑥（四則）
neire yaksire hacin, 開閉類
tuhere sujara hacin, 倒支類

18. boigon hethe i šošohon, uju 產業部, 一⑦（七類九則）
usin i hacin, 田地類
usin weilere hacin, 3, 農工類, 三則
usin i agūra i hacin, 農器類（usin weilere agūra i hacin）
hadure gurure hacin, 割采（採）類
bargiyara asarara hacin, 收藏類

---

① 此詞為漢語"宮"之音譯詞，在乾隆朝《御製增訂清文鑑》中為"gurung"，又是一個康熙朝用漢文音譯，乾隆朝用滿文自己的詞彙的例子。
② 此詞為漢語"殿"之音譯詞，在乾隆朝《御製增訂清文鑑》中改為"deyen"。
③ 《御製增訂清文鑑》自此類始為"居處部二"，並在此類下增"mukdehun juktehen i hacin-壇廟類"和"jurgan yamun i hacin-衙署類"。
④ 《御製增訂清文鑑》寫為"衙署類"。
⑤ 《御製增訂清文鑑》自此類始為"居處部三"。"室家類"的滿文"boo"是"房子"、"家"之義，"hūwa"為"院子"義，此類內容是有關房屋和院落的建築的。《御製增訂清文鑑》在此類中增收了許多內容，反映了滿族生活中居住環境的變化。
⑥ 《御製增訂清文鑑》為四則。
⑦ 《御製清文鑑》和《御製增訂清文鑑》的產業部均分一、二兩部，但其中包含的類別有交叉。"bargiyara asarara hacin-收藏類""tukiyere meiherere hacin-扛抬類""moselara gujurere hacin-碾磨類"三類在《御製清文鑑》中屬"產業一部"，而在《御製增訂清文鑑》中則屬"產業二部"。此部的四類六則在《御製增訂清文鑑》為七類九則。

<u>tukiyere meiherere hacin，扛擡類</u>

<u>moselara hujurere hacin，碾磨類</u>

boigon hethe i šošohon, jai 產業部，二① <u>（八類十六則）</u>

birere ucure hacin，趕拌類

baksalara muhaliyara hacin，捆堆類

hūdašara hūlašara hacin，2，貿易類，二則

gingnere miyalire hacin，衡量類②

buthašara hacin，打牲類

buthašara de baitalara jaka i hacin，3，打牲器用類，三則③<u>（四則）</u>

faksi sai baitalara eiten agūra i hacin，2，工匠器用類，二則④<u>（三則）</u>

ulin nadan⑤ i hacin，貨財類<u>（二則）</u>

19.tuwa i šošohon 火部⑥（tuwa šanggiyan i šošohon，火部，<u>一類四則</u>）

tuwa šanggiyan i hacin，2，煙火類，二則⑦<u>（四則）</u>

20.suje boso i šošohon 布帛部⑧<u>（四類十二則）</u>

---

① 此部的十一類十五則在《御製增訂清文鑑》中為八類十六則。注意《御製清文鑑》和《御製增訂清文鑑》的"產業一部"和"產業二部"包含的類別有交叉。
② 《御製增訂清文鑑》此類為二則。
③ 《御製增訂清文鑑》此類為四則。
④ 《御製增訂清文鑑》此類為三則。
⑤ "nadan"為滿文數詞"七"，因七七四十九天上大墳之俗而有"上大墳"之義，在此為"財帛之帛，與'ulin'同"（據《清文總彙》《滿和詞典》）。
⑥ 《御製增訂清文鑑》此部為"tuwa šanggiyan i šošohon"煙火部。此部的一類二則在《御製增訂清文鑑》中為四則。
⑦ 《御製增訂清文鑑》為四則。
⑧ 此部的四類六則在《御製增訂清文鑑》中為十二則。

suje boso i hacin, 2, 布帛類, 二則① （六則）

subeliyen kubun i hacin, 絨棉類

hacingga boco i hacin, 2, 采色類, 二則② （三則）

fororo jodoro hacin, 紡織類③ （二則）

21.etuku miyamigan i šošohon　衣飾部④ （十三類二十則）

　　mahala boro i hacin, 冠帽類⑤ （二則）

　　etuku adu i hacin, 3, 衣服類, 三則⑥ （四則）

　　umiyesun fungku i hacin, 巾帶類

　　gūlha wase⑦ i hacin, 靴襪類 （gūlha fomoci i hacin）

　　furdehe sukū i hacin, 皮革類⑧ （二則）

　　furdehe sukū uyere hacin, 熟皮革類

　　eture sure hacin, 穿脫類

　　sektere dasire hacin, 鋪蓋類

　　ijire miyamire hacin, 梳妝類

　　miyamigan de baitalara jaka i hacin, 飾用物件類

　　hasalara ufire hacin, 3, 剪縫類, 三則

　　monggo boo maikan i hacin, 氈屋帳房類

　　uhure bofulara hacin, 包裹類

22.tetun jaka i šošohon　器皿部⑨ （十四類二十四則）

---

① 《御製增訂清文鑑》為六則。
② 《御製增訂清文鑑》為三則。
③ 《御製增訂清文鑑》為二則。
④ 此部的十三類十七則在《御製增訂清文鑑》中為二十則。
⑤ 《御製增訂清文鑑》為二則。
⑥ 《御製增訂清文鑑》為四則。
⑦ 此詞為漢語"襪子"之音譯詞，在《御製增訂清文鑑》中改為"fomoci"。
⑧ 《御製增訂清文鑑》為二則。
⑨ 此部的十四類十八則在《御製增訂清文鑑》中為二十四則。五體目錄中漏寫類、則數。

tetun baitalan i hacin, 5, 器用類, 五則① (八則)

jalu kumdu i hacin, 盈虛類

juru gargan i hacin, 雙單類

labdu komso i hacin, 多寡類② (二則)

nonggire ekiyeniyere hacin, 增減類

kemnere celere hacin, 量度類

ice fe i hacin, 新舊類

adali encu i hacin, 同異類

amba ajige (i) hacin, 大小類

hūwajara manara hacin, 破壞類

bijara mokcoro hacin, 斷折類

lakcara ukcara hacin, 斷脫類

sanggatanara fiyentehejere hacin, 孔裂類

eiten jaka i giru muru i hacin, 諸物形狀類③ (三則)

23. weilere arara šošohon 營造部 (十六類十六則)

weilere arara hacin, 營造類

sire fetere hacin, 塞決類

dabtara tūre hacin, 折 (鎚) 類

meitere sacire hacin, 截砍類

matara bukdara hacin, 煨折類

šurure eruwedere hacin, 鏇鉆類

foloro colire hacin, 雕刻類

amdulara latubure hacin, 膠粘類

---

① 《御製增訂清文鑑》為八則。
② 《御製增訂清文鑑》為二則。
③ 《御製增訂清文鑑》為二則。

lekere nilara hacin, 鋥磨類

sahara elbere hacin, 砌苫類

giyalara dalire hacin, 間隔類

hūwaitara mampire hacin, 拴結類

nirure iolere① (simenggilere) hacin, 油畫類

hūwakiyara uksalara hacin, 剖解類

garlara efulere hacin, 殘毀類

wacihiyara šanggabure hacin, 完成類

24. cuwan② i šošohon 船部（(jahudai i šošohon, 一類四則)

　　cuwan weihu i hacin, 船類（jahudai i hacin, 四則）

25. sejen i šošohon 車部（sejen kiyoo i šošohon③, 車轎部）

　　sejen kiyoo i hacin④, 2, 車轎類, 二則

26. jetere jaka i šošohon（uju）食物部⑤（一, 五類十六則）

　　buda yali i hacin, 2, 飯肉類, 二則⑥（四則）

　　sogi booha i hacin, 2, 菜肴類, 二則⑦（四則）

　　nure cai hacin, 茶酒類

　　efen i hacin, 餑餑類⑧（三則）

　　jetere omire hacin, 3, 飲食類, 三則（四則）

jetere jaka i šošohon（jai）食物部（二, 八類九則）

---

① 此詞為漢語音譯詞, 在乾隆朝《御製增訂清文鑑》中改為"simenggilere"。

② 此漢語"船"字之音譯詞在乾隆朝《御製增訂清文鑑》中改為"jahudai"。

③ 《御製五體清文鑑》目錄將 šošohon 錯寫為 hacin。

④ 《御製五體清文鑑》目錄將 hacin 錯寫為 šošohon。

⑤ 《御製增訂清文鑑》此部一分為二。"食物部一"有五類十六則；"食物部二分八類九則。

⑥ 《御製增訂清文鑑》為四則。

⑦ 《御製增訂清文鑑》為四則。

⑧ 《御製增訂清文鑑》為三則。

eshun urehe hacin, 生熟類①

bujure fuifure hacin, 煮煎類

šoloro colara hacin, 燒炒類

fuyere faitara hacin, 2, 剝割類, 二則

amtan wa i hacin, 滋味類

uhuken mangga i hacin, 軟硬類

waidara tamara hacin, 舀盛類

burara sekiyere hacin, 澆灌（浇）類

27. hacingga jeku i šošohon 雜糧部②（一類二則）

bele jeku i hacin, 米谷類③（二則）

28. hacingga tubihe i šošohon 雜果部④（一類四則）

tubihe i hacin, 果品類⑤（四則）

29. orho i šošohon 草部⑥（一類四則）

orho i hacin, 2, 草類, 二則⑦（四則）

30. moo i šošohon 樹木部⑧（一類十則）

moo i hacin, 5, 樹木類, 五則⑨（十則）

31. ilha i šošohon 花部⑩（一類六則）

---

① 《御製增訂清文鑑》自此類始為"食物部二"。
② 此部的一類一則在《御製增訂清文鑑》中為二則。
③ 《御製增訂清文鑑》為二則。
④ 此部的一類一則在《御製增訂清文鑑》中為四則。
⑤ 《御製增訂清文鑑》為四則。
⑥ 此部的一類二則在《御製增訂清文鑑》中為四則。
⑦ 《御製增訂清文鑑》為四則。
⑧ 此部的一類五則在《御製增訂清文鑑》中為十一則。
⑨ 《御製增訂清文鑑》為十一則。
⑩ 此部的一類一則在《御製增訂清文鑑》中為六則。

ilha i hacin, 花類①（六則）

32. gasha cecike i šošohon 鳥雀部②（四類二十則）

　　gasha i hacin, 4, 鳥類，四則③（十則）

　　cecike i hacin, 2, 雀類，二則④（六則）

　　ashangga jaka i beye de holbobuha hacin, 羽族肢體類⑤（二則）

　　gasha i arbušara hacin,（gasha i aššara arbušara hacin）

飛禽動作（息）類⑥（二則）

33. gurgu i šošohon 獸部⑦（三類九則）

　　gurgu i hacin, 4, 獸類，四則⑧（七則）

　　gurgu i beye de holbobuha hacin, 走獸肢體類⑨

　　gurgu aššara arbušara hacin 走獸動息類

34. ulha ujima i šošohon（uju）牲畜部⑩（一，八類十五則）

　　eiten ujima i hacin, 諸畜類⑪（三則）

　　ulha ujima i banjire fusere hacin, 牲畜孳生類

---

① 《御製增訂清文鑑》為六則。
② 此部的四類八則在《御製增訂清文鑑》中為二十則。
③ 《御製增訂清文鑑》為十則。
④ 《御製增訂清文鑑》為六則。
⑤ 《御製增訂清文鑑》為二則，排在"飛禽動息類"之前。
⑥ 此條在乾隆朝《御製增訂清文鑑》中為"gasha i aššara arbušara hacin- 飛禽動息類"，二則。此條漢文為筆者依仿後面"牲畜部，馬匹動作類"而譯。
⑦ 此部的二類五則在《御製增訂清文鑑》中為三類九則。
⑧ 《御製增訂清文鑑》為七則。
⑨ 乾隆朝《御製增訂清文鑑》在此類之後另有一類"gurgu aššara arbušara hacin- 走獸動息類"。
⑩ 《御製增訂清文鑑》此部一分為二。"牲畜部一"分八類十五則；"牲畜部二"分五類九則。
⑪ 《御製增訂清文鑑》為三則。

morin ulha i hacin, 馬匹牲口類① （馬匹類，三則）

morin ulha i bocoi hacin, 馬匹毛片類

morin ulha i beye i hacin, 馬匹肢體類②（二則）

morin ulha i yabure hacin, 馬匹馳走類③（二則）

morin ulha i arbušara hacin, 馬匹動作類④（二則）

morin ulha be jafara tohoro hacin, 套備馬匹類

ulha ujima i šošohon（jai）牲畜部（二，五類九則）

yalure acire hacin, 騎駝類⑤（二則）

adulara ujire hacin, 牧養類⑥（二則）

morin ulha i nimeku jadaha hacin, 馬匹殘疾類⑦（二則）

ihan i hacin, 牛類

ulha ujima de baitalara jaka i hacin, 牲畜器用類⑧（二則）

35.esihegge hurungge i šošohon 鱗甲部⑨（四類八則）

muduri meihe i hacin, 龍蛇類

birai nimaha i hacin, 1, 河魚類⑩（四則）

medere nimaha i hacin, 2, 海魚類⑪（二則）

---

① 《御製增訂清文鑑》為三則，名為"馬匹類"滿語相同。然因此類中不僅包含"morin-馬匹"，還有"temen-駝"等，為忠實於原文，筆者譯為"馬匹牲口類"，供參考。
② 《御製增訂清文鑑》為二則。
③ 《御製增訂清文鑑》為二則。
④ 《御製增訂清文鑑》為二則。
⑤ 《御製增訂清文鑑》為二則。自此類始為"牲畜部二"。
⑥ 《御製增訂清文鑑》為二則。
⑦ 《御製增訂清文鑑》為二則。
⑧ 《御製增訂清文鑑》為二則。
⑨ 此部的二類三則在《御製增訂清文鑑》中為四類七則。
⑩ 《御製增訂清文鑑》為四則。
⑪ 《御製增訂清文鑑》在此類之後另有"esihegge hurungge i beye i hacin- 鱗甲肢體類"。

第二章 "清文鑑"分類格局比較

esihegge hurungge i beye i hacin 鱗甲肢體類

36.umiyaha i šošohon 蟲部① (二類五則)

　　umiyaha i hacin,2, 蟲類, 二則② (四則)

　　umiyaha i aššara hacin 蟲動類

《御製增訂清文鑑》在正編三十二卷之外，又有補編四卷，不分部，《御製五體清文鑑》依法延續。補編類目依次排列如下：

卷一

1. 天文類

2. 時令類（二則）

3. 地輿類（二則）

4. 古大臣官員類

5. 古祭器類

6. 古冠冕類（三則）

7. 古刑法類

8. 升轉類

9. 樂類

10. 書類（四則）

11. 軍器類（二則）

卷二

1. 神類（三則）

2. 衙署類（八則）

---

① 此部的一類二則在《御製增訂清文鑑》中為二類，五則。

② 乾隆朝《御製增訂清文鑑》為四則。在此類之後另有一類 "umiyaha i aššara hacin- 蟲動類"。

卷三

1. 衡量類

2. 貨財類

3. 餑餑類

4. 異樣果品類（四則）

5. 樹木類（二則）

6. 異木類

7. 花類

8. 異花類（五則）

卷四

1. 鳥類（九則）

2. 雀類（五則）

3. 獸類（二則）

4. 異獸類（七則）

5. 諸畜類（二則）

第三章 "清文鑑"詞語體系變化

"正字"是不同時期各體"清文鑑"的重要任務。通過對比分析，可以很清楚地看出它的變化。這些變化，有語詞的規範，有新詞的增加，更有選詞觀念的變化。詞語的增加是最直觀且順理成章的事情，而刪改的詞語，卻對我們的研究啟發更大。

第一節 天文類

天文類中詞語的變化有兩大特點：

一、豐富了形容、描述事物的詞和詞組

如：天部[①] 天文類（一）[②] 中對"abka- 天"的描述，在"dergi abka- 上天"、"niohon abka- 蒼天"、"genggiyen abka- 清天"、"abka fundehun- 天氣清肅"、"ulden- 晨光"、"uldeke- 晨光現出"、"alin jakaraha- 東方明"之外，又增加了"farhūn suwaliyame- 黑朧朧"這樣的詞組，與"gersi fersi- 黎明"、"gereke- 天亮"、"gehun gereke- 天大亮"、"gerhen mukiyeme- 黃昏"、"yamjiha- 天晚"、"farhūn

---

① 卷一，共一類，七則。
② 卷一，頁三至九。

oho- 昏暮"等共同構成了一組描述不同狀況、不同時段天象的詞。

又如關於"šun- 日"的性狀，原有"elden- 光"、"eldeke- 光耀"、"gehun gahūn- 晴明"、"foson- 日光"、"fosoko- 日照"、"fosoba- 日光轉射"，而"elden gabtabuha- 光射"、"helmešembi- 回光蕩漾"、"tališambi- 回光亂動"在康熙朝沒有，五體在"fiyakiyan- 暘"後，又增加了"fosolhun- 日暘"這樣的詞和"šun niyancame- 日暖"這樣的詞組，與"sebderi- 陰涼"、"silmen- 背陰"、"helmen- 影"、"irahi- 隙光"等相符相合。

在"biya- 月"一組詞語中，有"genggiyen biya- 明月"、"biya gehun- 月朗"、"biya buruhun- 月暗"、"biya arganaha- 月牙"、"wesihun i hontoho- 上弦"、"wasihūn i hontoho- 下弦"、"biya muheliyen oho- 月圓"、"biya biyargiyan- 月色淡"後，插入了"biyargiyašambi- 風曀"，互動態的使用，使描述月亮的詞語更加豐滿，加上後面的"biya kūwaraha- 月暈"、"biya jembi- 月食"，共同構成了滿文圍繞"月"這一自然現象進行描述的詞語構件。

二、完善了語詞體系

天文類（二）[①]是與"星"有關的詞語，變化較大，在"一體"中，只有"usiha- 星"、"hadaha usiha- 北辰"之後，增加了"abkai ten i usiha- 天極星"、"han usiha- 帝星"、"taidzi usiha- 太子星"，在"juru sirha- 太子帝星總名"後，增加了"uldengge usiha- 景星"，"nadan usiha- 七星"後，增加了"naihū- 北斗"、"abkai šurdejen usiha- 帝車"、"elderi usiha- 瑤光"、"da ujui usiha- 太乙星"，其中"naihū- 北

---

① 卷一，頁十至十四。

斗"是在這組表示形象的詞語中少有的單詞,與前面的詞組"nadan usiha- 七星"之間的關係,值得關注。"moo usiha- 木星"、"tuwa usiha- 火星"、"boihon usiha- 土星"、"aisin usiha- 金星"、"muke usiha- 水星"是康熙朝所沒有的,五體又增加了"lohū usiha- 羅睺星"、"šušu sukdungga usiha- 紫炁星"、"biyai dašuran usiha- 月孛星"、"gidu usiha- 計都星"、"ten i šanyan usiha- 太白","durgiya- 亮星"。

滿文關於"星宿"和"二十八星宿"名稱在"一體"中完全沒有,乾隆朝先後增加了具體的星宿名:"gimda- 角"、"k'amduri- 亢"、"dilbihe- 氐"、"falmahūn- 房"、"sindubi- 心"、"weisha- 尾"、"girha- 箕"、"demtu- 斗"、"niohan- 牛"、"nirehe- 女"、"hinggeri- 虛"、"weibin- 危"、"šilgiyan- 室"、"bikita- 壁"、"kuinihe- 奎"、"ludahūn- 婁"、"welh'ūme- 胃"、"moko- 昴"、"bingha- 畢"、"semnio- 觜"、"šebnio- 參"、"jingsitun- 井"、"guini- 鬼"、"lirha- 柳"、"simori- 星"、"jabhu- 張"、"imhe- 翼"、"jeten- 軫"和總稱"tokdon- 宿",構成了完整的星宿體系。值得注意的是,它們有相同的構詞方式。

在天文類(三)① 中,"ilmoho usiha- 伐星"、"aidahan i sencehe- 天豕星"後增加了"eldengge saracan usiha- 華蓋",繼續是"kūwaran faidan usiha- 勾陳"後面增加的"hayaha meihe usiha- 騰蛇"、"niyalma usiha- 人星"後增加了"igeri usiha- 牽牛"、"jodorgan usiha- 織女"、"sunggartu usiha- 河鼓"、"nimaha usiha- 魚星"、"eihume usiha- 龜星"等星座名。

在 oron- 辰下增加了"jaksangga- 紫極"、"jaksangga gurung- 紫

---

① 卷一,頁十五至十六。

宮",與"gurung-宮"、"dulefun-度"共同組成了這一小組詞語。

在天文類（四）①"tugi-雲"組中增加了"jaksan-霞",與原有的"jaksaka-霞彩"形成呼應。在天文類（五）②"aga-雨"組中,"agambi-下雨"、"sunembi-釀雨"之後增加了"arašan aga-甘雨"、"aga jelaha-雨少停"後增加了"uncehen bošoro aga-陣頭雨";"galga oho-晴了"後面增加了"gilahūn inenggi-假陰天"。

天文類（六）③豐富的關於"nimanggi-雪"的詞語,民族特征彰顯無遺。

天文類（七）④關於"sukdun-氣"的詞語中,只在"melken-野馬"、"camda-靄氣"、"suman-煙氣"、"sumakabi-煙氣浮布"之後增加了"sumbi-寒氣凝結",配合後面的"sungkebi-寒氣著物凝結"、"talmahan-游絲",共同組成此組描寫"氣"的詞語。

關於"edun-風",三體在"su-旋風"、"ya-煙靄"之後增加了動詞"yambi-煙靄生",在"edun dekdehe-風起"、"edun dambi-刮風"、"edumbi-漢語同上"、"hūwaliyasun edun-和風"、"halhūn edun-暖風"、"halukan edun-溫風"、"edun fur sembi-薰風"、"šahūrun edun-寒風"、"serguwen edun-凉風"、"ishun edun-迎風"、"cashūn edun-背風"、"tatara edun-倒捲風"之後,增加了"ayan edun-大風"、"ser seme dambi-微風"、"šeo seme dambi-飄風"、"hoo seme dambi-狂風"、"falga

---

① 卷一,頁十七至二十二。
② 卷一,頁二十二至二十七。
③ 卷一,頁二十七至三十一。
④ 卷一,三十一至三十六終。

falga dambi- 陣陣刮風"、"šasišame dambi- 旁風"、"hūrgime dambi- 迴風"、"hūjime dambi- 風鳴條"、"febumbi- 風頂住"、"burakišambi- 風揚塵"、"šurga- 風攪起的沙雪"之後，五體增加了"šurgambi- 風攪沙雪"這個動詞，隨後以"furgibumbi- 沙被風淤"、"edun nesuken oho- 風平了"、"edun toroko- 風定"、"edun nakaha- 風息"收官。

第二節　時令類

時令部[①]時令類（一）[②]從康熙朝到乾隆朝發生了很多變化。

一、規範了一些常用詞語

如：一體中用"in yang"表示"陰"、"陽"，三體改為"a- 陽"、"e- 陰"。

二、完善了一些語詞體系

如在"sunja feten- 五行"之下，增加了"muke- 水"、"tuwa- 火"、"moo- 木"、"aisin- 金"、"boihon- 土"；"cikten- 干"之下充實了內容："niowanggiyan- 甲"、"niohon- 乙"、"fulgiyan- 丙"、"fulahūn- 丁"、"suwayan- 戊"、"sohon- 己"、"šanyan 庚"、"šahūn 辛"、"sahaliyan- 壬"、"sahahūn- 癸"，滿文均使用了表示顏色的詞。同樣，"gargan- 支"下補充了"singgeri- 子"、"ihan- 丑"、"tasha- 寅"、"gūlmahūn 卯"、"muduri- 辰"、"meihe- 巳"、"morin- 午"、"honin- 未"、"bonio- 申"、"coko- 酉"、"indahūn- 戌"、"ulgiyan- 亥"，滿文均為相應的動物名。

---

① 卷二，共一類，九則。
② 卷二，頁三至六。

時令類（二）① 在"erin- 時"、"fon- 候"、"forgon- 季"之後，增加了"duin erin- 四時"和"duin forgon- 四季"；在"nenden- 首先"、"nendembi- 先之"、"nende- 使先"之後補充了一個同義詞"nene-（漢語同上）"；"jabdumbi- 迭當"、"jabdubumbi- 使迭當"之後增加了"jabdugan- 餘暇"，最後是"šolo- 閒空"。

時令類（三）② 從"te- 今"、"ne- 現今開始，在"ulhiyen- 漸"之後增加了"ulhiyen ulhiyen i- 漸漸的"，在"amaga- 後來"之後，五體增加了"amaganga- 後來的"。

時令類（四）③ 以"aniya- 年"為中心詞，增加了"erguwen aniya- 本命年"、"aniya hūsime- 整年"、"cargi aniya- 後年"，刪去了"jai jidere aniya"，在"bayan aniya- 富歲"、"elgiyen aniya- 豐年"、"haji aniya- 饑年"、"bisan- 澇"等詞後，出現了"hanggabumbi- 亢旱"，增加了同義詞"hiyaribuha"。

時令類（五）④ 在"niyengniyeri- 春"、"juwari- 夏"、"bolori- 秋"、"tuweri- 冬"、"biya- 月"之後增加了"aniya biya- 正月"、"omšon biya- 十一月"、"jorgon biya- 十二月"，在"biyai manashūn- 月盡"之後增加了"biya manara isika- 月將盡"。

時令類（六）⑤ 增加了很多表示節日的詞，包括"hacin inenggi- 節

---

① 卷二，頁七至十。
② 卷二，頁十一至十五。
③ 卷二，頁十六至十九。
④ 卷二，頁十九至二十三。
⑤ 卷二，頁二十四至二十六。

令"、"jempin inenggi- 二月二日"、"sunjangga inenggi- 端午"、"šanyan- 伏"、"nadangga inenggi- 七夕"、"biyangga inenggi- 中秋"、"uyungga inenggi- 重陽"、"jorgon inenggi- 臘八"、"abkai kesingge inenggi- 天恩日"、"abkai guwebuhen inenggi- 天赦日"、"dergi šongge inenggi- 上朔日等，在"ere cimari- 今早"之後增加了"cimaridari- 每日早晨"，連同後面原有的"cimari- 明日"、"cimaha- 明朝"等，構成了一組表示專指日期的詞語，豐富了滿文原有相關詞語。

時令類（七）①在"ice- 初一"之後增加了"šongge inenggi 朔日"，"tofohon- 十五"之後，增加了"wangga inenggi- 望日"、"erde- 早"、"erdeken- 早早的"之後增加了"erdelehe- 早了"，"šun dositala- 終日"之後增加了"šuntuhuni- 整日"，在"dobori- 夜"、"dobori dulin- 夜半"之後增加了同義詞"dobon dulin"，在"dobonio- 整夜"之後增加了"gerembumbi- 達旦"。

時令類（八）②多為表示"erin- 時辰"的詞，"刻"在一體中用"ke"表示，三體中改用"kemu- 刻"，又增加了"fuwen- 分"，之後又增加了"miyori- 秒"，又在"gerendere ging- 亮鍾"後增加了同義詞"tanggū ging"，在"serguwen- 涼快"之後增加了"seruken- 涼爽"。

時令類（九）③是與"juhe- 冰"有關的詞，很豐富。三體增加了"mulunombi- 冰凍成岡"、"wenehe- 化動了"、"wengke- 冰融化了"、"mukenembi- 化成水"，刪去了一體中的"juhe wengke"，在

---

① 卷二，頁二十七至二十九。
② 卷二，頁二十九至三十三。
③ 卷二，頁三十三至三十九終。

"niyekseke- 浮面微化"後增加了它的同義詞"niyemperehe"。

第三節 地輿類

地部①地輿類（一）②以"na- 地"作為首詞，比較一體，增加了"lebenggi ba- 陷泥地"、"yeye boihon- 粘泥"。

地輿類（二）③以"bigan- 野"作為首詞，比較一體，增加了"bigarame- 出外"、"simelen- 澤"、"dooran- 荒火未燒地"、"kuru- 高阜"後增加了同義詞"huru"，"buksa- 乾濕花搭處"後增加了同義詞"buksa buksa"，"lifahan- 爛泥"後增加了"lifahanahabi- 成了泥"，刪去了"qifahan"。

地輿類（三）④以"alin- 山"起首，與一體相比，增加了"sunja colhon- 五嶽"、"colhoron- 鎮"、"šengsin- 風水"、"šengsin i siren- 龍脈"、"mulunombi- 沙擁成岡"、"mulu- 山梁"、"hekderhen- 山肋險坡"、"alin i saiha- 山嶺下坡嶺"。

地輿類（四）⑤以"alin i oforo- 山嘴"起首，只增加了"hūwantahūn- 山無草木"。

---

① 卷三，共一類，十四則。
② 卷三，頁三至六。
③ 卷三，頁七至十二。
④ 卷三，頁十三至十五。
⑤ 卷三，頁十六至十八。

地輿類（五）① 以"den- 高"起首，增加了"niyokdoko- 盆地坑"，刪除了"dung"，改為"dunggu- 洞"，刪除了"gung"，改為"nemu- 礦"，又增加了"wehe yaha nemuri- 煤窑"、"deijin i ukdun- 磚瓦窑"、"yehetun- 磁器窑"。

地輿類（六）② 以"wehe- 石"為首詞，增加了"selei ejen- 吸鐵石"、"suihana wehe- 艾葉青石"、"kuringge wehe- 虎皮石"。

地輿類（七）③ 以"muke- 水"起首，增加了"mukei talgan- 水面"、"sabdan- 水點"、"mumin- 淵深"、"toktonombi- 水流淳處"、"hekcehun- 秋水減退"等。

地輿類（八）④ 以一體中尚未出現的"tenggin- 湖"為起首詞，刪去了一體中使用的漢語音譯詞"hū"，"giyang"，在"bilten- 水淀"、"omo- 池"之後增加了"talfa- 汀"，在"tunggu- 淵"、"juce- 潭"之後增加了"duin bilten- 四瀆"、"ulan yohoron- 溝渠"之後增加了"ulen- 畎"、"yohon- 澮"。

地輿類（九）⑤ 以"sekiyen- 源"起首，刪去了一體中的"gūldurame"，改為"gūldurame eyembi- 水行地中"，在"weren- 波瀾"、"irahi- 水紋"、"iren- 魚行的水紋"後增加了"irenembi- 魚行水生紋"，在"julan- 急流不凍處"後增加了同義詞"jilan"，在"obonggi- 水沫"之後增加了

---

① 卷三，頁十九至二十二。
② 卷三，頁二十二至二十四。
③ 卷三，頁二十五至二十七。
④ 卷三，頁二十八至三十。
⑤ 卷三，頁三十一至三十四。

"fošor seme- 起浮沫"、"obongginambi- 成沫"。

地輿類（十）① 是以"jolhombi- 水漾"起首的一組描寫水超出一定範圍後產生的結果的詞，諸如"bulhūmbi- 水（冒）冒"、"calgimbi- 水浣出"等，沒有什麼變化。

地輿類（十一）② 在"dalan- 堤"之後增加了"dalangga- 壩"、"furgi- 埽"、"boihon i buktan- 土牛"、"boihon i mutun- 土方"、"fiyelfe- 河坡"、"herin- 水底高坡"等。

地輿類（十二）③ 是一組有關"doombi- 渡河"的詞，沒有變化。

地輿類（十三）④ 是一些表示方位的詞，以"dergi- 上"為首，五體中刪去了"deleken- 畧上些"、"wesihun- 崇高"、"ninggu- 上頭"、"fejergi- 下"、"fejile- 漢語同上"、"wala- 下首"、"fusihūn- 卑下"、"wasihūn- 徃下"。

地輿類（十四）⑤ 以"tob- 正"為首詞，增加了"dalbarame- 從旁（邊）邊"。

---

① 卷三，頁三十五至三十七。
② 卷三，頁三十七至四十二。
③ 卷三，頁四十二至四十五。
④ 卷三，頁四十六至四十八。
⑤ 卷三，頁四十九至五十一。

第四節　君類、諭旨類、設官類

　　君部①君類（一）②以"abkai jui- 天子"起首，增加了"hūwangdi-皇帝"。將一體中的"gurun be dalire gung"（鎮國公）和"gurun de aisilara gung"（輔國公）改為"kesi be tuwakiyara gurun be dalire gung-奉恩鎮國公"和"kesi be tuwakiyara gurun de aisilara gung-奉恩輔國公"，又增加了"jakūn ubu de dosimbuhakū gurun be dalire gung- 不入八分鎮國公"、"jakūn ubu de dosimbuhakū gurun be aisilara gung- 不入八分輔國公"，在"gurun i efu- 固倫額駙"後增加了"hošoi gungju i hošoi efu- 和碩額駙"，"hošoi efu- 郡主儀（賓）賓"、"doroi efu- 縣主儀（賓）賓"之後增加了"doroi beile i efu- 郡君儀（賓）賓"，接下來是"gūsai efu- 縣君儀（賓）賓"，後面增加了"gung ni gege i efu- 鄉君儀賓"。

　　君類（二）③以"hūwangheo- 皇后"起首，增加了"beile i jui doroi gege- 郡君"、"gung ni jui gege- 鄉君"，在"hošoi fujin- 親王福晉"、"doroi fujin- 郡王福晉"後的"gūsai fujin"被刪去。

　　諭旨部④諭旨類⑤以"hese- 旨"起首，增加了"ulhibure hese- 誥"、"tacibure hese- 勅"，一體中的漢文音譯詞"joo"、"še"被"selgiyere hese- 詔"、"guwebure hese- 敕"替代，"šang"也被"šangnahan- 賞"所替代。"ce"、"g'aoming"、"c'yming"規範後移入"封表類"，"jiyei"

---

① 卷四，共一類，二則。
② 卷四，頁四至九。
③ 卷四，頁九至十一。
④ 卷四，頁十二至十七。共二類，二則。
⑤ 卷四，頁十二至十四。

規範為"jalasu- 節",增加了"tugitun- 朵雲"、"tugingngge fan- 雲盤"、"han i fisen- 帝系"、"han i uksun i ejehe- 玉牒","forgon i yargiyan ton"規範為"erin forgon i ton i bithe- 時憲書"等。關於"doron- 印",增加了"kadalan- 關防"、"sengke- 紐"、"golmin temgetu- 條記"、"hesei kiru temgetu- 王命旗牌"、"bithei hafan i temgetu- 憑"、"coohai hafan i temgetu- 劄付"、"temgetu bithe- 執照"、"a jijun i acangga- 陽文合符"、"e jijun i acangga- 陰文合符"、"doron i hergen mumurhūn- 印信模糊"等。

封表類① 以"fungnehen- 封誥"為首,"ce"、"g'aoming"、"c'yming"被規範為"abdangga fungnehen- 冊"、"ulhibure fungnehen- 誥命"、"tacibure fungnehen- 勅命",從諭旨類移至於此。在"fungnembi- 封"、"fungnebumbi- 受封"之後增加了"nonggime fungnembi- 加封"、"guribume fungnembi- 貤封"、"amcame fungnembi- 追封"、"wesibume fungnembi- 晉封"。在"temgetulembi- 旌表"、"temgetulebumbi- 受旌表"之後增加了"amcame gebu bumbi- 給諡號",以及"taiši- 太師"、"taifu- 太傅"、"taiboo- 太保"、"šooši- 少師"、"šoofu- 少傅"、"šooboo- 少保"、"taidzi taiši- 太子太師"、"taidzi taifu- 太子太傅"、"taidzi taiboo- 太子太保"、"taidzi šooši- 太子少師"、"taidzi šoofu- 太子少傅"、"taidzi šooboo- 太子少保"、"doro de aisilaha amban- 光祿大夫"、"doro de wehiyehe amban- 榮祿大夫"、"doro de tusa araha amban- 資政大夫"、"doro de tusa obuha amban- 通奉大夫"、"doro de hūsun akūmbuha amban- 通議大夫"、"doro de hūsun buhe amban- 中義大夫"等等。

隨着清政權體系的不斷完善,設官類詞語大量增加。如:
設官部② 旗分佐領類③ 第一以"gūsa- 旗分"、"jakūn gūsa- 八旗"

---

① 卷四,頁十五至十七。
② 卷四,共四類,八則。
③ 卷四,頁十八至二十二。

起首，增加了"manju gūsa- 滿洲都統"、"monggo gūsa- 蒙古都統"、"ujen coohai gūsa- 漢軍都統"。在"dashūwan gala- 左翼"、"jebele gala- 右翼"之後增加了"kubuhe suwayan- 鑲黃"等八旗名稱、"booi ilan gūsa- 內府三旗"、"niowanggiyan turun- 綠旗"等。"jalan- 甲喇"之後增加了"fere jalan- 頭甲喇"、"jebele meiren- 二甲喇"、"jebele dube- 三甲喇"、"dashūwan meiren- 四甲喇"、"dashūwan dube- 五甲喇"、"monggo jebele dube- 蒙古頭甲喇"、"monggo dashūwan dube- 蒙古二甲喇"等。"niru- 佐領"之後增加了"fujuri niru- 勳舊佐領"、"jalan halame bošoro niru- 世管佐領"、"teodenjeme bošoro niru- 輪管佐領"、"siden niru- 公中佐領"。"booi niru- 內府佐領"後增加了它的同義詞"delhetu niru"，接下來增加的是"cigu niru- 旗鼓佐領"、"sin jeku jetere aha- 管領下食糧人"、"solho niru- 高麗佐領"、"oros niru- 俄羅斯佐領"、"hoise niru- 回子佐領"等。

旗分佐領類第二以新增的"cahar jakūn gūsa- 察哈爾八旗"為首，在"dehi uyun gūsa- 四十九旗"之後增加了"huhu hoton i tumet juwe gūsa- 歸化城土默特二旗"、"jakūnju ninggun gūsa- 八十六旗"、"jakūn gūsade kamcibuha ūlet- 附隸八旗厄魯特"、"huhu nor i gūsin gūsa- 青海三十旗"、"alašan i ūlet emu gūsa- 阿蘭善山厄魯特一旗"、"wargi dzang ni tanggūt monggo- 西藏唐古特蒙古"、"turgūt emu gūsa- 土爾扈特一旗"、"ice dahame jihe jun gar juwan ninggun gūsa- 新投誠準噶爾十六旗"、"necihiyeme toktobuha jun gar i ūlet- 平定準噶爾厄魯特"、"jahacin i emu gūsa- 扎哈沁一旗"、"uriyanghai juwan emu gūsa- 烏良海十一旗"、"hami i hoise emu gūsa- 哈密回子一旗"、"turfan i hoise emu gūsa- 土爾番回子一旗"、"ice dahame jihe hoise- 新投誠回子"、"necihiyeme toktobuha hoise- 平定回子"、"alban jafanjire hoise- 進貢回子"，刪除了一體中的"susai nadan gūsa"、"jakūn gūsa de kamcibuha ūlet"、"alban jafame henggilenjire ūlet"。

設官部二是新增的,也就是說,將一體的"設官部"一分為二,足證其變化之大。如:

臣宰類(一)① 以"amban- 大臣"起首,增加了"aliha bithei da- 大學士"、"coohai nashūn i amban- 軍機大臣"、"gocika amban- 御前大臣"、"hiya kadalara dorgi amban- 領侍衛內大臣",在"dorgi amban- 內大臣"、hebei amban- 議政大臣"之後增加了"sula amban- 散秩大臣",在"ujulaha amban- 首輔大臣"、"fujuri amban- 世臣"、"gungge amban- 功臣"、"dargalaha amban- 原品致仕大臣"之後,有新增的"alifa kadalara amban- 宗令"、"sirame kadalara amban- 宗正"、"adafi kadalara amban- 宗人",在"bithei amban- 文大臣"、"uyun saitu- 九卿"後,又新增有"aliha amban- 尚書"、"ashan- 侍郎"、"alifi baicara amban- 左都御史"、"ashan i baicara amban- 副都御史"、"ashan i bithei da- 學士"、"uheri tuwara amban- 掌衛事大臣",在"booi amban- 內務府總管"後,有新增的"taktu amban- 武備院卿"、"adun i amban- 上駟院卿"。

臣宰類(二)② 以"coohai amban- 武大臣"起首,新增了"wekjime dasara amban- 經畧"、"jiyanggiyūn- 將軍"、"hebei amban- 參贊大臣"、"gūsa be kadalara amban- 都統"、"meiren i janggin- 副都統"、"yafahan coohai uheri da- 步軍統領"等。

臣宰類(三)完全是新增詞:"jalan sirara hafan- 世襲官"、"gung- 公"、"heo- 侯"、"be- 伯"、"jingkini hafan- 子"、"ashan i hafan- 男"、

---

① 卷四,頁二十三至二十五。
② 卷四,頁二十五至二十七。

"adaha hafan- 輕車都尉"、"baitalabure hafan- 騎都尉"、"tuwašara hafan- 雲騎尉"、"kesingge hafan- 恩騎尉"、"fulehun i hafan- 廕生"。

臣宰類（四）①以"hafan- 官"為首，幾乎全部是新增詞。

"清文鑑"從一體到五體其所收滿文詞彙呈不斷增長的趨勢，但仔細分析比較發現，有少量詞語被剔除或替換了。以一體到三體為例，如：一體禮部祭祀類中的 wali mama；禮部禮拜類中的 tebeliyembi；君部君類中的 gūsai fujin；人部人類中的 usin i haha；人部人類中的 ulha tuwakiyara niyalma；人部朋友類中的 ekiyendere gucu；人部朋友類中的 gosingga gucu；人部朋友類中的 nonggibure gucu 等被剔除。

被替換的詞數量稍多，如：君部君類中的 gurun be dalire gung 被 kesi be tuwakiyara gurun be dalire gung 替換；君部君類中的 gurun de aisilara gung 被 kesi be tuwakiyara gurun de aisilara gung 替換；地部地輿類中的 giyang 被 ula 替換；設官部臣宰類中的 tungse 被 hafumbukū 替換；樂部樂器類 jung 被 jungken 替換；樂部樂器類 king 被 kingken 替換等。

附：天部滿文詞語簡析

《御製五體清文鑑》以 abkai šošohon- 天部②為36部之首，含1類7則③。如前所述，"abka"作為部類名稱，經歷了 abka——abkai

---

① 卷四，頁二十八至三十二。
② 各部、類名稱的漢義在康熙朝《御製清文鑑》中沒有，自乾隆朝《御製增訂清文鑑》開始出現。
③ 康熙朝《御製清文鑑》不單獨標出"則"數，而是按順序排列，如："abkai hacin uju; abkai hacin jai; abkai hacin ilaci; abkai hacin duici."此類在康熙朝《御製清文鑑》分為四則，自《御製增訂清文鑑》起分成七則。

šu——abka 的過程。乾隆朝《御製增訂清文鑑》(三十六年，1771)將這裏的"abka"譯成"天文"，從此類中所含內容看是非常貼切的。它與古代"天文"一詞的含義基本相同，即：既包括日月星辰等天體在宇宙間運行的現象，也包括風、雲、雨、露、霜、雪等地文現象①。所以在此采用了乾隆朝《御製增訂清文鑑》的這一譯法。實際上，滿文"abka"的意義是在不斷發展變化的。與漢語的"天文"意義相對應的滿文後規範為"abka šu"②。

本部類中包含與 abka- 天、šun- 日、biya- 月、usiha- 星、oron- 辰、tugi- 雲、talman- 霧、akjan- 雷、talkiyan- 電、aga- 雨、bono- 雹、silenggi- 露、gecen- 霜、nimanggi- 雪、sukdun- 氣、edun- 風相關的五體詞語共計281組詞語。與康熙朝《御製清文鑑》201條相比，增加了80個詞條，詳情見下表：

"一體"、"三體"與"五體"中的滿文詞語增減表

說明：本表第一列為滿文，第二列為漢字，仿宋（如：genggiyen abka）為"三體"新增，方正蘭亭宋（如：farhūn suwaliyame）為"五體"新加，方正蘭亭黑（如：hūngniyoolambi）為刪去之詞。這其中與《御製增訂清文鑑》有交叉，暫不予涉及。

（第一則）

abka	天
dergi abka	上天
niohon abka	蒼天
genggiyen abka	清天

---

① 詳見《辭源》，商務印書館，1979年，第684頁。
② 《清文總彙》卷一，二十八頁下。

abka fundehun	天氣清肅
ulden	晨光
uldeke	晨光現出
alin jakaraha	東方明
farhūn suwaliyame	黑朧朧
gersi fersi	黎明
gereke	天亮
gehun gereke	天大亮
gerhen mukiyeme	黃昏
yamjiha	天晚
farhūn oho	昏暮
sunggari bira	天河
abkai buten	天涯
šun	日
elden	光
eldeke	光耀
gehun gahūn	晴明
foson	日光
fosoko	日照
fosoba	日光轉射
elden gabtabuha	光射
helmešembi	回光蕩漾
tališambi	回光亂動
fiyakiyan	暘
fosolhun	日暘
šun niyancame	日暖
sebderi	陰涼
silmen	背陰
helmen	影
irahi	隙光
šun tucike	日出
šun mukdeke	日升
inenggi dulin	日午
šun kelfike	日微斜
šun urhuhe	日大斜
šun dabsiha	日平西

šun tuheke（日落）(dosika)		日入
šun buncuhūn		日色淡
šun šangka		日珥
šun kūwaraha		日暈
šun jembi		日食
biya		月
genggiyen biya		明月
biya gehun		月朗
biya buruhun		月暗
biya arganaha		月牙
wesihun i hontoho		上弦
wasihūn i hontoho		下弦
biya muheliyen oho		月圓
biya biyargiyan		月色淡
biyargiyašambi		風暈
biya kūwaraha		月暈
biya jembi		月食

（第二則）

usiha	星
hadaha usiha	北辰（位置移到後面）
abkai ten i usiha	天極星
han usiha	帝星
taidzi usiha	太子星
juru sirha	太子帝星總名
uldengge usiha	景星
nadan usiha	七星（位置移後）
naihū	北斗
abkai šurdejen usiha	帝車
elderi usiha	瑤光
da ujui usiha	太乙星
moo usiha	木星
tuwa usiha	火星
boihon usiha	土星
aisin usiha	金星

muke usiha	水星
lohū usiha	羅睺星
šušu sukdungga usiha	紫炁星
biyai dašuran usiha	月孛星
gidu usiha	計都星
ten i šanyan usiha	太白
durgiya	亮星
tokdon	宿
gimda	角
k'amduri	亢
dilbihe	氐
falmahūn	房
sindubi	心
weisha	尾
girha	箕
demtu	斗
niohan	牛
nirehe	女
hinggeri	虛
weibin	危
šilgiyan	室
bikita	壁
kuinihe	奎
ludahūn	婁
welh'ūme	胃
moko	昴
bingha	畢
semnio	觜
šebnio	參
jingsitun	井
guini	鬼
lirha	柳
simori	星
jabhu	張
imhe	翼

jeten	畛

（第三則）

ilmoho usiha	伐星
aidahan i sencehe	天豕星
eldengge saracan usiha	華盖
kūwaran faidan usiha	勾陳
hayaha meihe usiha	騰蛇
niyalma usiha	人星
igeri usiha	牽牛
jodorgan usiha	織女
sunggartu usiha	河鼓
nimaha usiha	魚星
eihume usiha	龜星
eyere usiha	流星
eriku usiha	彗星
usiha gerišembi	星光閃爍
usiha fisin	星密
usiha seri	星稀
usiha geri gari	晨星落落
usiha fajambi	星移
holton tuheke	星隕
oron	辰
jaksangga	紫極
jaksangga gurung	紫宫
gurung	宫
dulefun	度

（第四則）

tugi	雲
tugi banjimbi	生雲
tugi neigen	雲布滿
tugi alhata	雲花搭

abka heyenehebi	天帶微雲
<u>jaksan</u>	霞
jaksaka	霞彩
tulhun	陰
tulhušembi	陰了
tugi fiyajumbi	雲磨響
tugi sektehe	雲布
boconggo tugi	彩雲
neore tugi	浮雲
tugi haksaha	火燒雲
tugi hiterenehe	魚鱗雲
tugi yur sembi	雲勢油然
tugi bombonoho	雲屯
tugi jekse	雲霞斷處
tugi samsiha	雲散
tugi hetehe	雲收
talman	霧
talmaka	下霧
talman mukdeke	霧高起
talman tehe	霧沉
luk seme talmaka	下濃霧
talman hetehe	霧收
<u>sigan tembi</u>	<u>濛氣凝聚</u>
akjan	雷
akjambi	雷鳴
durgeme akjambi	轟雷
kunggur seme sireneme akjambi	雷聲不斷
kiyatar seme akjambi	焦雷
akjan darimbi	雷擊
talkiyan	電
talkiyambi	打閃
talkiyan giltarilambi	電光閃灼
talkiyan gerilambi	電光微閃

talkiyan tališambi	電光接連
talkiyan fularilambi	露水閃

（第五則）

aga	雨
agambi	下雨
sunembi	釀雨
arašan aga	甘雨
sabdan	雨點
sabdambi	下雨點
sebe saba agambi	疎雨點點
busu busu agambi	細雨濛濛
guksen guksen agambi	雨陣陣下
huksidembi	暴雨
hūngniyoolambi	帶日下雨
ser seme agambi	微雨
ler seme agambi	細雨
šor seme agambi	雨瀟瀟
honggonombi	雨起泡
hūwanggar seme agambi	滂沱雨
hungkereme agambi	盆傾雨
turame agambi	大雨如注
sirkedeme agambi	連陰雨
bešeme agambi	霪雨
fiseme agambi	颶風雨
aga daha	雨霑足
aga hafuka	雨透
aga simeke	雨浸潤
aga jelaha	雨少停
uncehen bošoro aga	陣頭雨
aga galaka	雨晴
galga oho	晴了
gilahūn inenggi	假陰天
gilha inenggi	晴明天

niyangniya tucike	密雲忽開
<u>niyangniya oho</u>	漢語同上
nioron	虹霓
nioron gocika	虹現
nioron burubuha	雲遮虹霓
nioron samsiha	虹消
bono	雹
bonombi	下雹
bono de foribuha	被雹打了
bono de foribuhakū	未被雹打

（第六則）

silenggi	露
silenggi wasika	下露
silenggi toktohobi	露凝
silenggi gebkeljembi	露光閃灼
silenggi fuhešembi	露珠蕩漾
jancuhūn silenggi	甘露
šanyan silenggi	白露
šahūrun silenggi	寒露
gecen	霜
gecen gecembi	霜降
nimanggi	雪
nimarambi	下雪
labsan	雪片
labsambi	下雪片
sor sar seme nimarambi	風雪有聲
mere nimanggi	米心雪
sacurambi	下米心雪
šarhūmbi	帶日下雪
hūngniyoolambi	
nimanggi kiyalmambi	風雪飄蕩

burašambi	風揚雪
ungkan	凍雪漫草上
sišanahabi	簷凌
hohonohobi	簷冰垂凌
šaturnahabi	雪上微凍
undan	春雪凝凍
<u>undanahabi</u>	<u>雪浮凍</u>
<u>cakjakabi</u>	<u>雪面堅凍</u>
nimanggi wengke	雪融化
nimašan muke	桃花水

（第七則）

sukdun	氣
melken	野馬
camda	靄氣
suman	煙氣
sumakabi	煙氣浮布
<u>sumbi</u>	寒氣凝結
sungkebi	寒氣著物凝結
talmahan	游絲
edun	風
su	旋風
ya	煙靄
<u>yambi</u>	<u>煙靄生</u>
edun dekdehe	風起
edun dambi	刮風
hūwaliyasun edun	和風
halhūn edun	暖風
halukan edun	溫風
edun fur sembi	薰風
šahūrun edun	寒風
serguwen edun	涼風

ishun edun	迎風
cashūn edun	背風
tatara edun	倒捲風
<u>ayan edun</u>	<u>大風</u>
ser seme dambi	微風
šeo seme dambi	飄風
hoo seme dambi	狂風
falga falga dambi	陣陣刮風
šasišame dambi	旁風
hūrgime dambi	迴風
hūjime dambi	風鳴條
febumbi	風頂住
burakišambi	風揚塵
šurga	風攪起的沙雪
<u>šurgambi</u>	<u>風攪沙雪</u>
furgibumbi	沙被風淤
edun nesuken oho	風平了
edun toroko	風定
edun nakaha	風息

歸結起來，有如下情形：

1. 繼續增加完成體，如：

šurga	風攪起的沙雪
<u>šurgambi</u>	<u>風攪沙雪</u>
ya	煙靄
<u>yambi</u>	<u>煙靄生</u>

2. 減去不規範詞語：

hūngniyoolambi

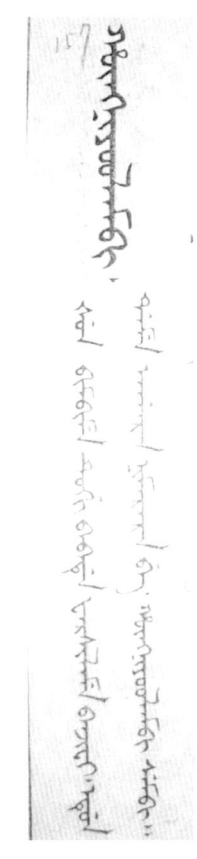

3. 補充詞語使之系統完善，如：

fiyakiyan	暘
fosolhun	日暘
šun niyancame	日暖
oron	辰
jaksangga	紫極
jaksangga gurung	紫宮

第四章　五體文音義對照舉例

說明：左側為《御製五體清文鑑》原文，右側為轉寫。原文選自民族出版社1957年影印本，轉寫依滿文注音，使用目前國際通用的滿文轉寫符號（見書首）。每個詞條按順序列出滿文、藏文的滿文注音、蒙古文滿文注音、維文滿文注音、大部分漢字的滿文注音[①]及漢字。

---

① 蒙古文和漢字的滿文注音規則出自《御製滿珠蒙古漢字三合切音清文鑑》。

《御製五體清文鑑》研究

第一節　天部五體詞語滿文註音之轉寫

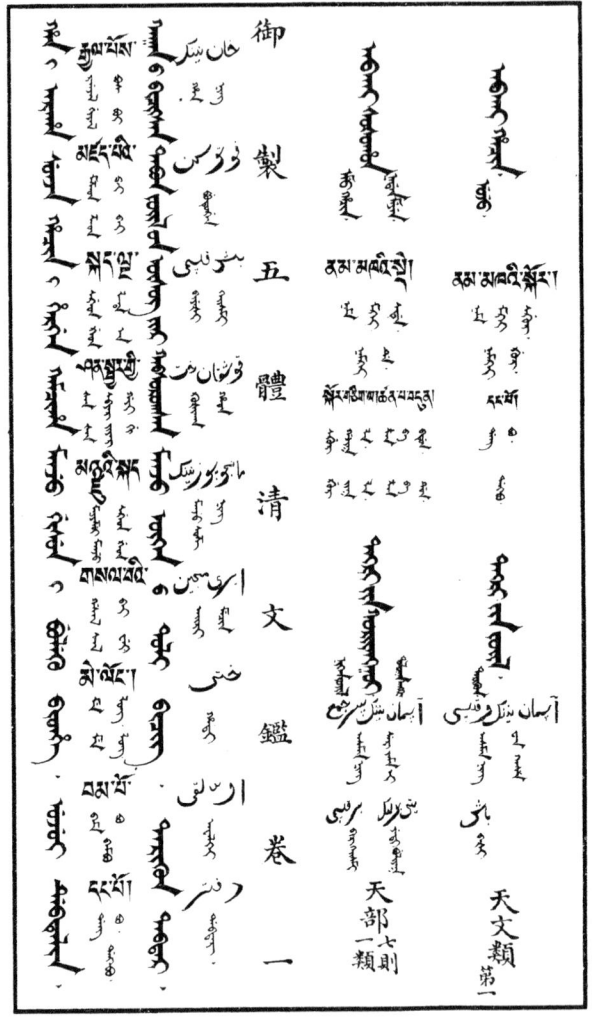

第四章　五體文音義對照舉例

天文類（一）①

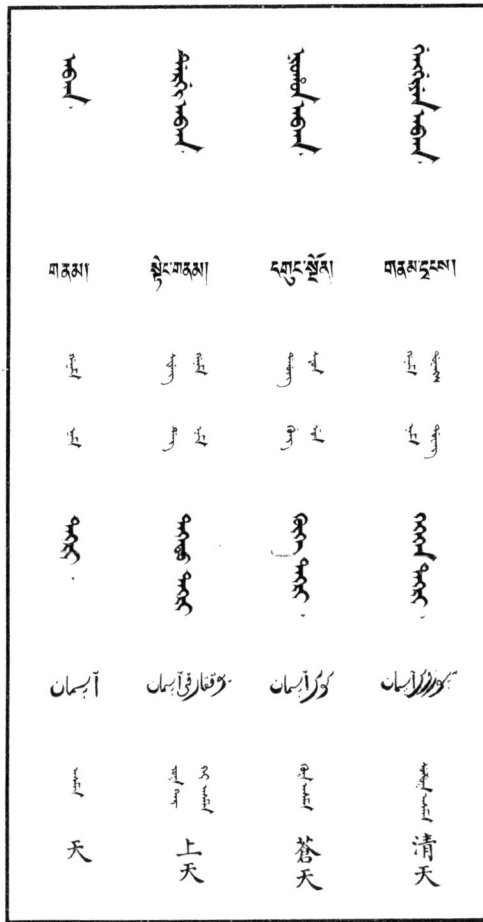

1.
abka
nam
tenggeri
asman
tiyan 天

2.
dergi abka
deng nam
degedu tenggeri
yok kar gei asman
šang tiyan 上天

3.
niohon abka
gong on
kuke tenggeri
guk asman
ts'ang tiyan 蒼天

4.
genggiyen abka
nam dowang
gegegen tenggeri
sudzuk asman
cing tiyan 清天

---

① 此則共57組，描寫日月，其中29、30、55為五體新增詞條，新增詞條沒有漢字注音。下同。

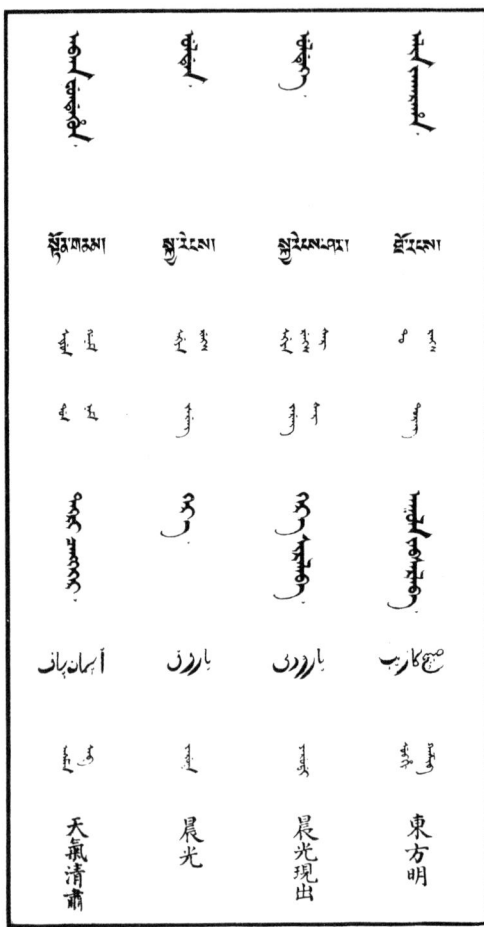

5.
abka fundehun
don nam
tenggeri cengkeger
asman sab
tiyan ki cing su 天氣清肅

6.
ulden
yareng
gere
yaruk
cen guwang 晨光

7.
uldeke
yareng šar
gere siralaba
yarudi
cen guwang hiyen cu 晨光現出

8.
alin jakaraha
torang
agula jabsarlaba
subhi kadzib
dong fang ming 東方明

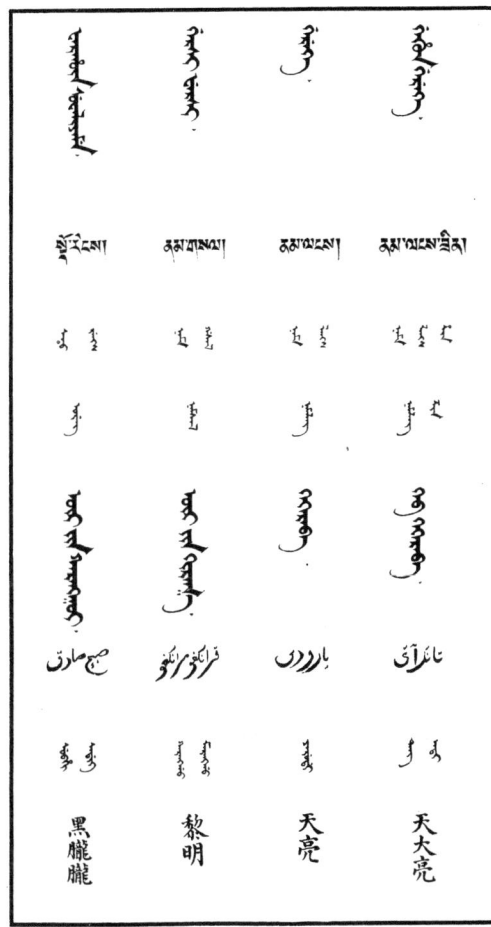

9.
farhūn suwaliyame
oreng
ūr jin karangkoi
subhi sadik
黑朧朧

10.
gersi fersi
namsal
ūr yen kiraga
karanggo maranggo
lii ming 黎明

11.
gereke
namlang
gegerebe
yarudi
tiyan liyang 天亮

12.
gehun gereke
namlang dzin
geb gegerebe
tang ati
tiyan da liyang 天大亮

13.
gerhen mukiyeme
saruk
gege tasuran
kukum
hūwang hūn 黃昏

14.
yamjiha
sorot
udesi bolba
k'ac'y
tiyan wan 天晚

15.
farhūn oho
munrub
haranggūi bolba
karango buldi
hūn mu 昏暮

16.
sunggari bira
gutsik
tenggeri yen oyodal
samanci yoli
tiyan ho 天河

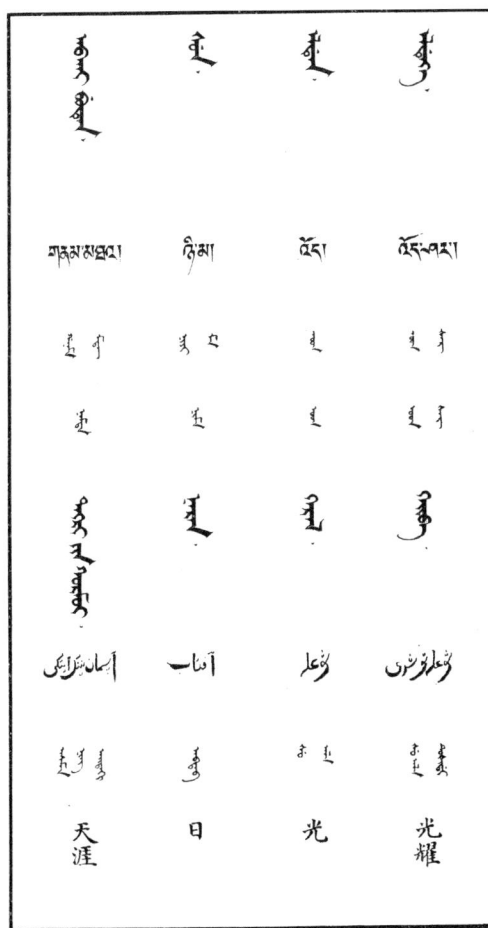

17.
abkai buten
namta
tenggeri yen hormoi
asman ning aitaki
tiyan yai 天涯

18.
šun
nima
naran
abtab
ži 日

19.
elden
ot
gerel
šu ala
guwang 光

20.
eldeke
ot šar
geibe
šu ala tušidi
guwang yo 光耀

21.
gehun gahūn
dangsal
geb gegen
yaruk luk tušidi
cing ming 晴明

22.
foson
ni ot
gilbaga
abtabru
ži guwang 日光

23.
fosoko
ot poro
gilbaba
abtab tušadurgan
ži jao 日照

24.
fosoba
otg'or
gilbalga
abtab tušig'an
ži guwang juwan še 日光轉射

第四章　五體文音義對照舉例

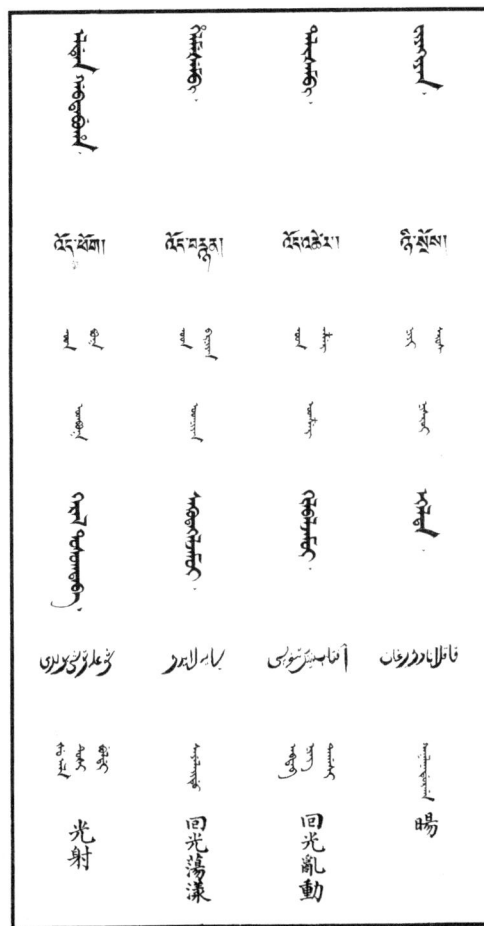

25.
elden gabtabuha
otpok
gerel tosokdaba
šu al tuši buldi
guwang še 光射

26.
helmešembi
otniyan
segudegeljemui
sayelaidu
hūi guwang dang yang 回光蕩漾

27.
tališambi
otts'er
gilbaljamui
abtab ning tagasi
hūi guwang luwan dung 回光亂動

28.
fiyakiyan
nisrui
egelte
kaklanadurgan
yang 暘

87

29.
fosolhon
deb
egebur
abtab tušadurgan
日晹

30.
šun niyancame
nima jo
naran dulahan
gun isyk rak
日暖

31.
sebderi
siljyb
seguder
g'olag'a
yen liyang 陰涼

32.
silmen
ribnak
keosi
tula saya
bei yen 背陰

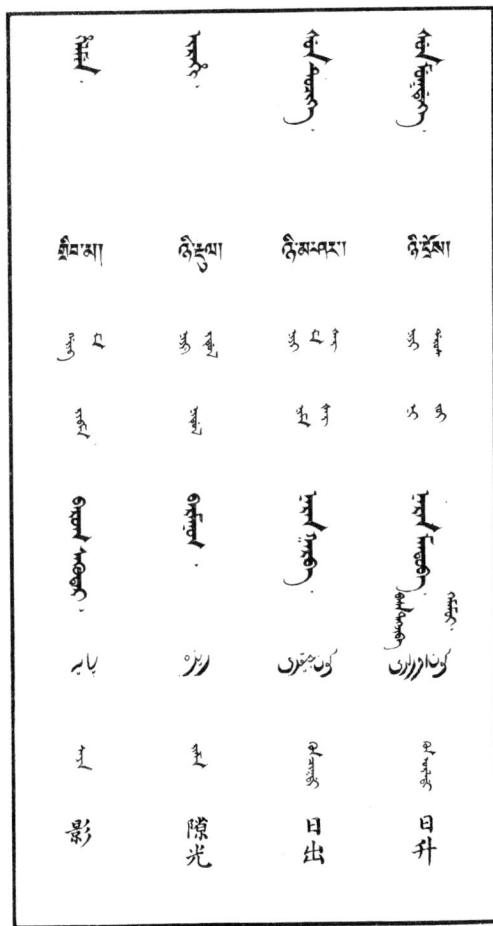

33.
helmen
ribma
baruk sekuder
saya
ying 影

34.
irahi
nidul
barmanus
ridza
si guwang 隙光

35.
šun tucike
nima šar
naran garba
kun cikdi
ži cu 日出

36.
šun mukdeke
ni joi
naran manduba【dekjibe】①
kun orladi
ži šeng 日升

---

① 【 】內為新加同義詞，下同。

37.
inenggi dulin
ningung
edur duli【ude】
ging tuši
ži u 日午

38.
šun kelfike
niperet
naran kelbeibe
tuši as ana igildi
ži wei siyei 日微斜

39.
šun urhuhe
ninyol
naran kelberibe
paišen buldi
ži da siyei 日大斜

40.
šun dabsiha
royol
naran tasiba
digar buldi
ži ping si 日平西

41.
šun dosika
nima nub
naran (oroba) singgebe[①]
kun patdi
ži šu 日入

42.
šun buncuhūn
ni ot mok
naran burteiji
kun šu ala sydzi
ži se dan 日色淡

43.
šun šangka
ni niyan
naran hosilaba
kun kulakladi
ži el 日珥

44.
šun kūwaraha
nima cim
naran kuriyelebe
kun kūtanladi
ži yūn 日暈

[①] "三體"寫為"naran orba","五體"寫為"naran singgebe"。

45.
šun jembi
ni dzen
naran barimui
kun kuidi
ži ši 日食

46.
biya
saran
a i
dawa
yuwei 月

47.
genggiyen biya
dawa dang
gegegen saran
sudzuk a i
ming yuwei 明月

48.
biya gehun
dawa sal
saran saragūl
a i aiding
yuwei lang 月朗

第四章　五體文音義對照舉例

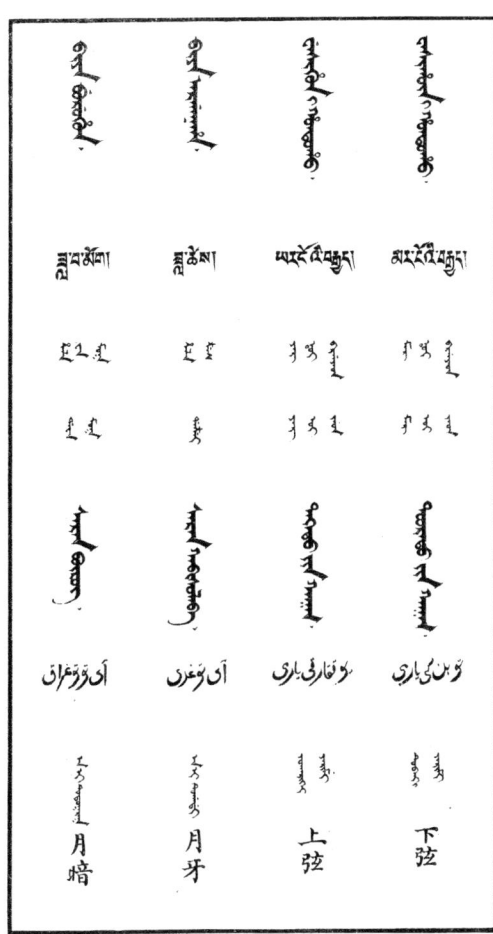

49.
biya buruhun
dawa mok
saran burukei
a i tutukrak
yuwei an 月暗

50.
biya arganaha
dats'ei
saran habisulaba
a i tugadi
yuwei ya 月牙

51.
wesihun i hontoho
yar oi yat
degedu yen hagas
yokarikei yarimi
šang hiyan 上弦

52.
wasihūn i hontoho
mar oi yat
dooradu yen hagas
tubanki yarimi
hiya hiyan 下弦

93

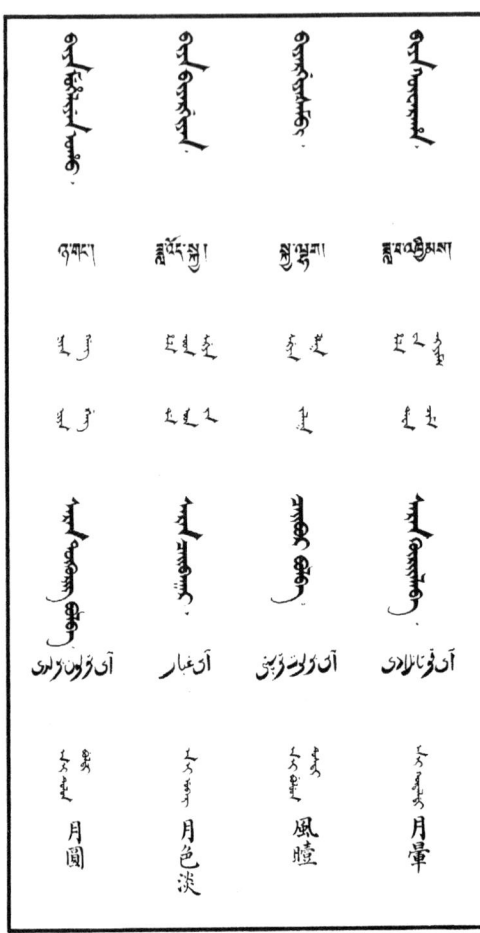

53.
biya muheliyen oho
niya g'ang
saran tugurik bolba
a i tulon buldi
yuwei yuwan 月圓

54.
biya biyargiyan
da ot ya
saran caibagar
a i ubar
yuwei se dan 月色淡

55.
biyargiyašambi
yalak
caibur bolba
a i bulut tusti
風曀

56.
biya kūwaraha
dawa cim
saran kuriyelebe
a i kūtanladi
yuwei yūn 月暈

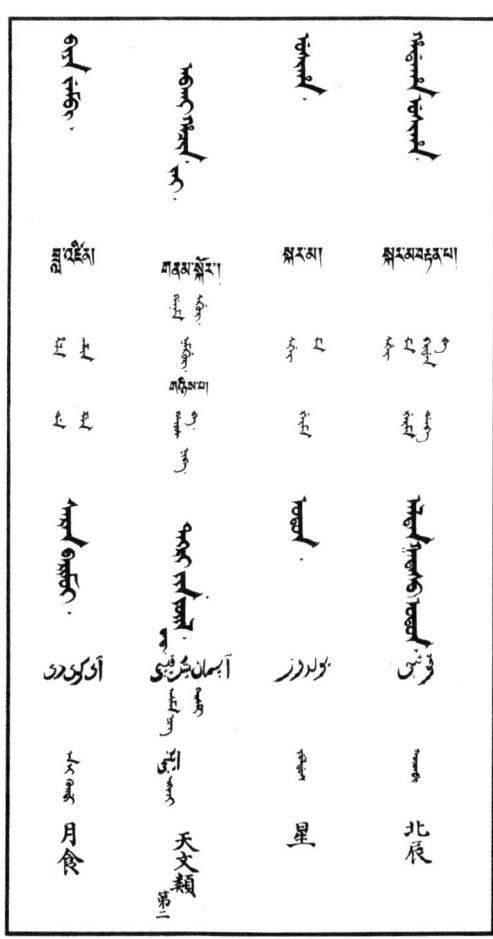

57.
biya jembi
da dzen
saran barimui
a i kuidi
yuwei ši 月食

天文類（二）

58.
usiha
g'arma
odon
yuldus
sing 星

59.
hadaha usiha
g'arma danba
altan gadasu odon
kūtbi
be cen 北辰

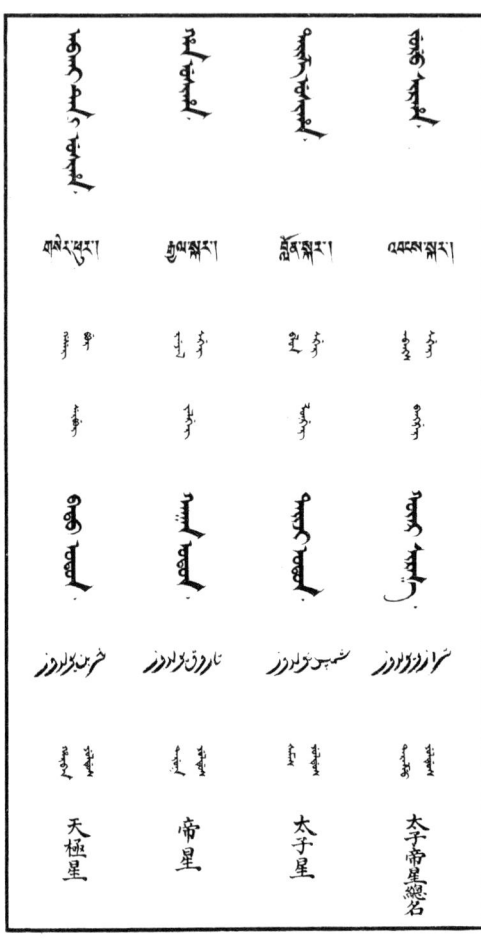

60.
abkai ten i usiha
serpur
batu odon
harban yuldus
天極星

61.
han usiha
yalg'ar
hagan odon
taruk yuldus
帝星

62.
taidzi usiha
long'ar
taiji odon
šamas yuldus
太子星

63.
juru sirha
bangg'ar
hoyar sirga
taradzu yuldus
tai dzi di sing dzung ming 太子帝星總名

64.
uldengge usiha
g'arma otcen
gereltu odon
yaruk yuldus
景星

65.
nadan usiha
medun
dologan odon
yetti yuldus
ci sing 七星

66.
naihū
get cok
dologan ebuken
yetti tikan
北斗

67.
abkai šurdejen usiha
g'arma šengda
tergen odon
asman ning coruladugan yuldus
帝車

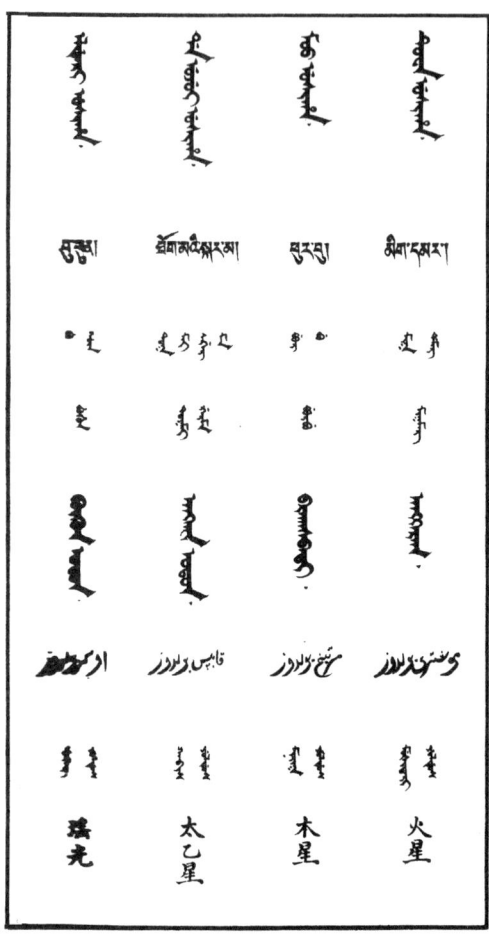

68.
elderi usiha
bugun
bukun odon
uk'ar yuldus
瑶光

69.
da ujui usiha
tokmai g'arma
anghan odon
kabis yuldus
太乙星

70.
moo usiha
purbu
（modon odon）[①] brakasbadi
mirik yuldus
mu sing 木星

71.
tuwa usiha
mikmar
（gal odon）angk'arak
mušitari yuldus
ho sing 火星

---

① 括弧内是"三體"中的寫法，下同。

72.
boihon usiha
benba
(siroi odon) sanicar
tuparak yuldus
tu sing 土星

73.
aisin usiha
basang
(altan odon) šok'ara
sondu yuldus
gin sing 金星

74.
muke usiha
lakba
(usu odon) bot
kamar yuldus
šui sing 水星

75.
lohū usiha
rakjan
rahu
palik yuldus
羅睺星

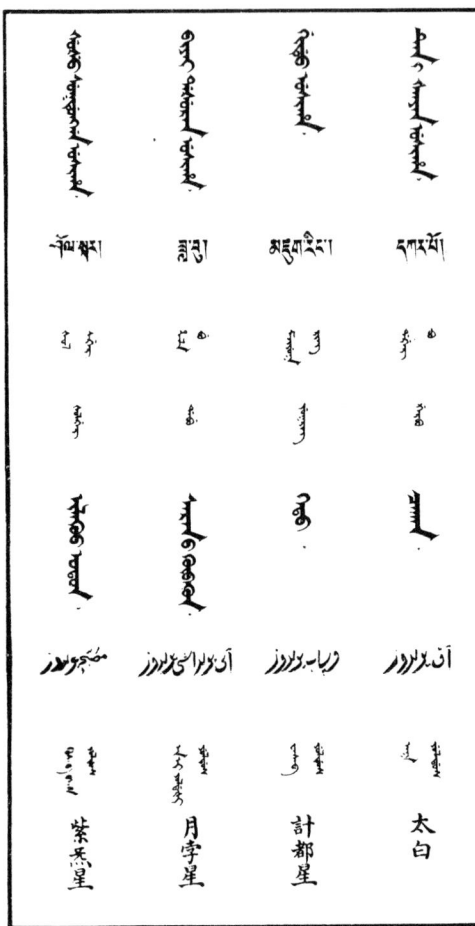

76.
šušu sukdungga usiha
šolg'ar
ileguo odon
musab paha yuldus
紫炁星

77.
biyai dašuran usiha
dabu
saran nu kubegun
a i yoldaši yuldus
月孛星

78.
gidu usiha
yukring
keto
wasab yuldus
計都星

79.
ten i šanyan usiha
g'arbo
cagan
ak yuldus
太白

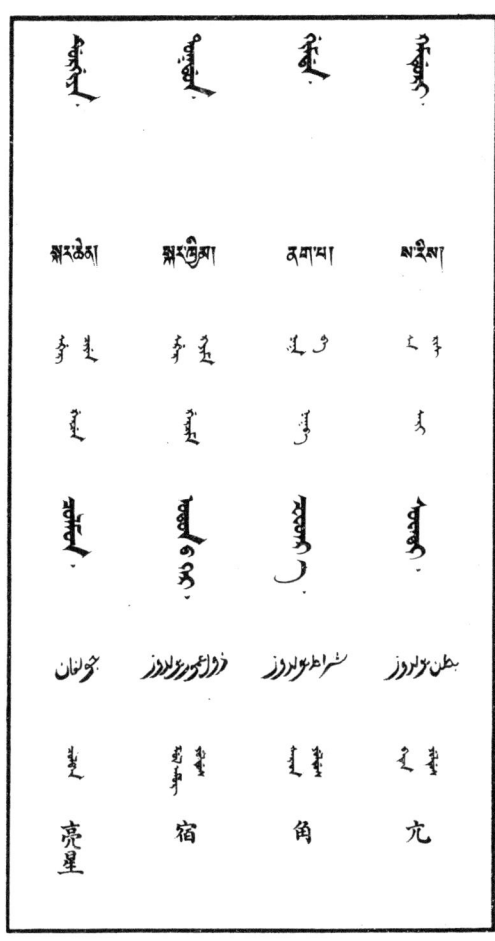

80.
durgiya
g'arcen
colmon
colpan
liyang sing 亮星

81.
tokdon
g'arcim
odon nu ger
dzul amur yuldus
宿

82.
gimda
nakba
dzetra
šarat yuldus
giyo 角

83.
k'amduri
sari
sowadi
baten yuldus
k'ang 亢

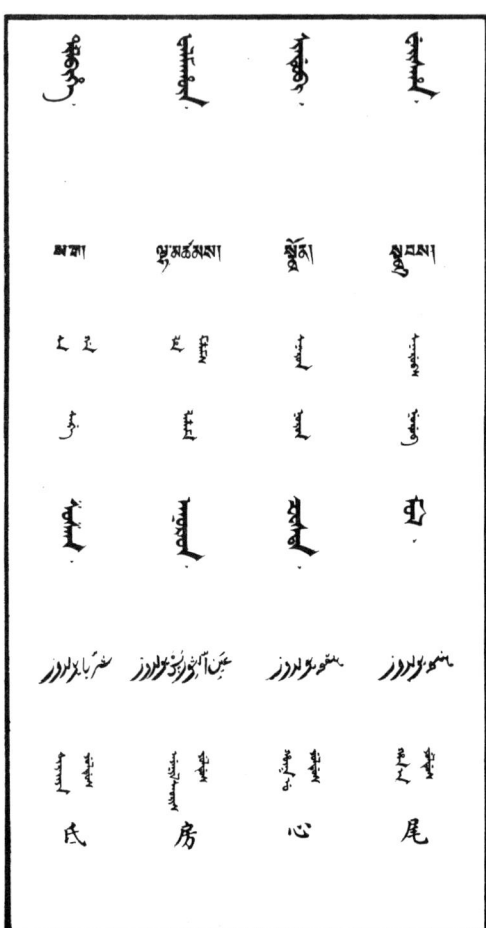

84.
dilbihe
sag'a
šušak
širaiya yuldus
di 氐

85.
falmahūn
lats'ama
anurat
ayenil saoris yuldus
fang 房

86.
sindubi
noron
dzesta
hūk u yuldus
sin 心

87.
weisha
nurub
mul
han a yuldus
wei 尾

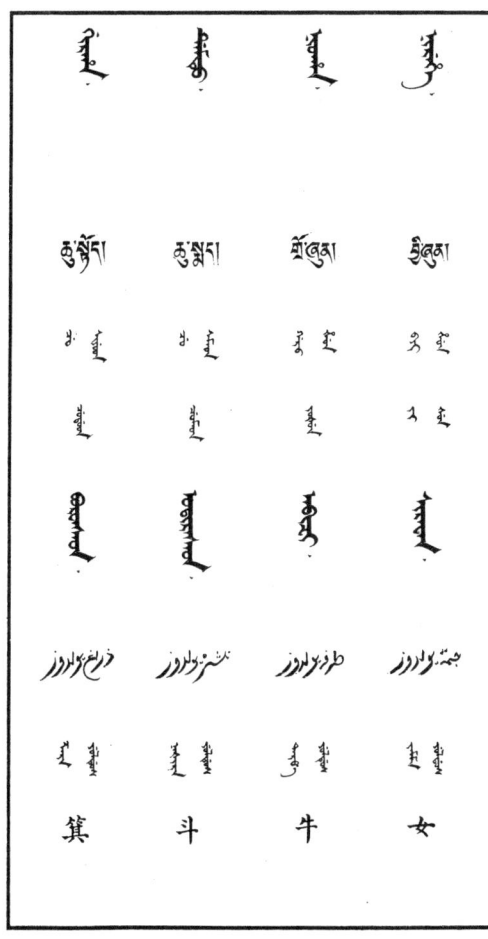

88.
girha
cudot
burwasat
dzara yuldus
gi 箕

89.
demtu
cumat
udirasat
našira yuldus
deo 斗

90.
niohan
yošun
abidzi
tarpa yuldus
nio 牛

91.
nirehe
yišun
sirawan
jamma yuldus
nioi 女

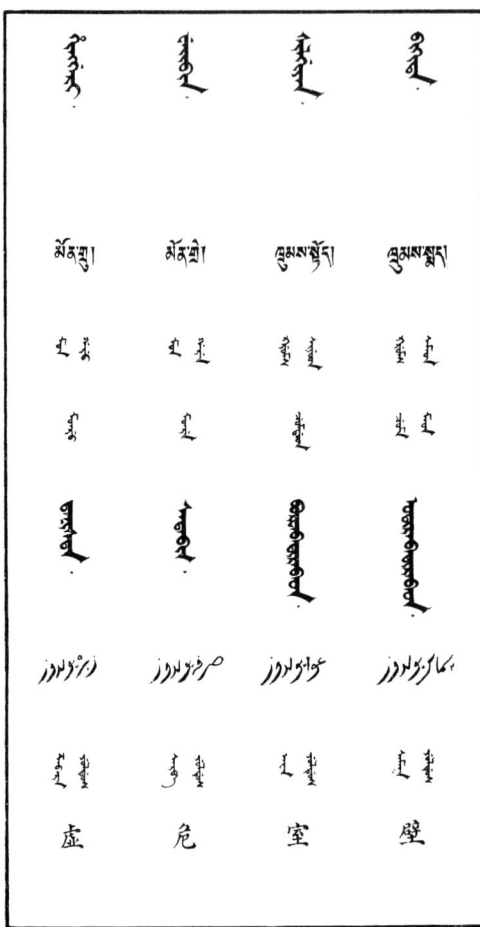

92.
hinggeri
monru
danista
dzabara yuldus
hioi 虛

93.
weibin
monre
sadabis
sarpa yuldus
wei 危

94.
šilgiyan
cumdot
burwabadirabat
awa yuldus
ši 室

95.
bikita
cum mat
udirabadirabat
samak yuldus
bi 壁

第四章 五體文音義對照舉例

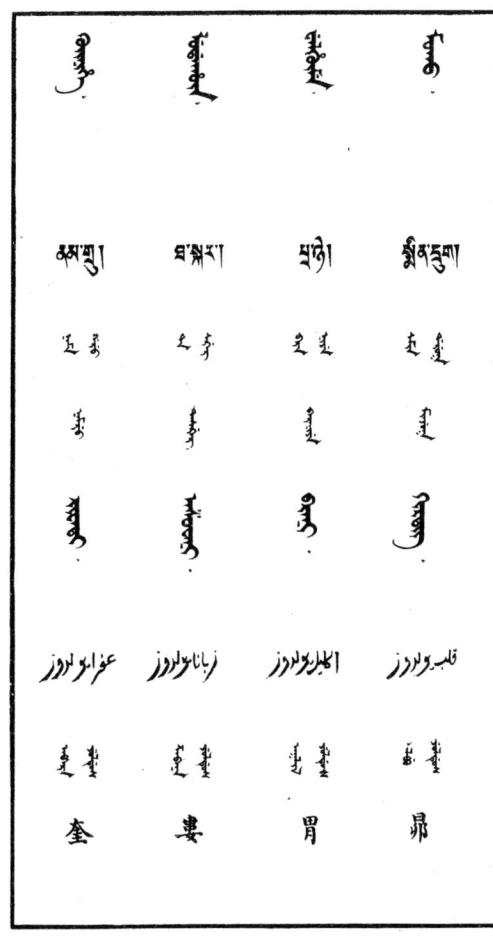

96.
kuinihe
namru
riwadi
apara yuldus
kui 奎

97.
ludahūn
tasg'ar
ašuwani
dzabna yuldus
leo 婁

98.
welh'ūme
baraniye
barani
aklil yuldus
wei 胃

99.
moko
minjuk
girtik
kalpu yuldus
mao 昴

100.
bingha
narma
ruwehini
šula yuldus
bi 畢

101.
semnio
go
marg'asar
naga im yuldus
dzui 觜

102.
šebnio
lak
ardir
balda yuldus
šen 參

103.
jingsitun
nabso
burnawašu
dabai yuldus
jing 井

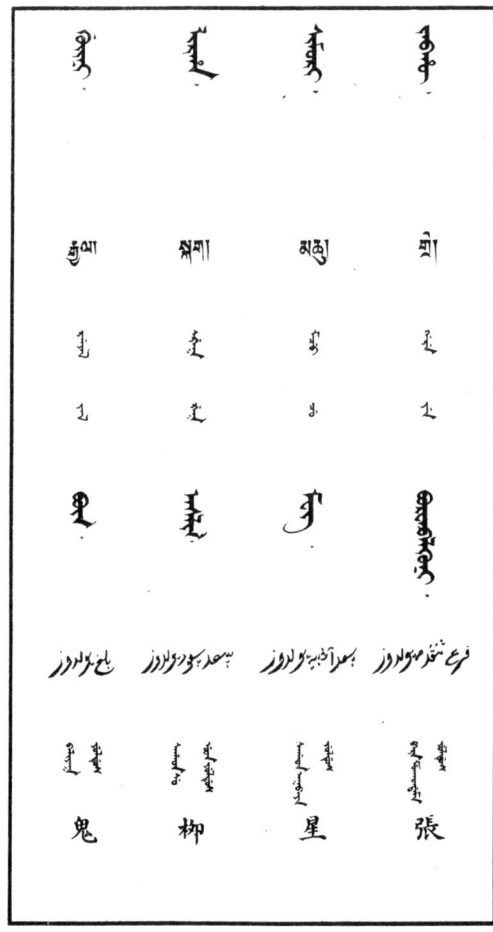

104.
guini
yal
(bus) bos
baliyak yuldus
gui 鬼

105.
lirha
g'ak
aslis
sagat su ut yuldus
lio 柳

106.
simori
cu
mek
sagat akbaya yuldus
sing 星

107.
jabhu
ye
burwapalguni
para mukatdama yuldus
jang 張

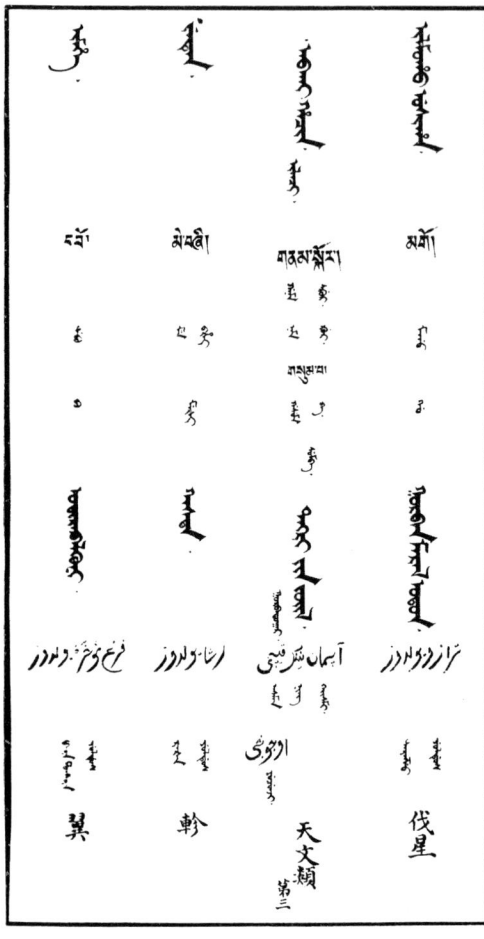

108.
imhe
bo
udirapalguni
para muhara yuldus
i 翼

109.
jeten
meši
hasta
raša yuldus
jen 軫

天文類（三）

110.
ilmoho usiha
go
gurban maral odon
taradzu yuldus
fa sing 伐星

第四章　五體文音義對照舉例

111.
aidahan i sencehe
g'arma tongšol
anjisun hosigū
parakdan yuldus
tiyan ši sing　天豕星

112.
eldengge saracan usiha
dukg'ar
sigur odon
kunluk dak yuldus
華盖

113.
kūwaran faidan usiha
jalai g'arma
（bulungtu jiksagal odon）sulde odon
hur g'ar yuldus
geo cen　勾陳

114.
hayaha meihe usiha
g'arma cilba
oriyanggu odon
mar yuldus
騰蛇

109

115.
niyalma usiha
mig'ar
kumun odon
kiši yuldus
žen sing 人星

116.
igeri usiha
ag'ar
kenggerge odon
g'ala yuldus
牽牛

117.
jodorgan usiha
takso g'arma
keterke odon
tukuši kan yuldus
織女

118.
sunggartu usiha
kutsik dung'ar
oyodal un emuneki odon
g'odzi yuldus
河鼓

第四章　五體文音義對照舉例

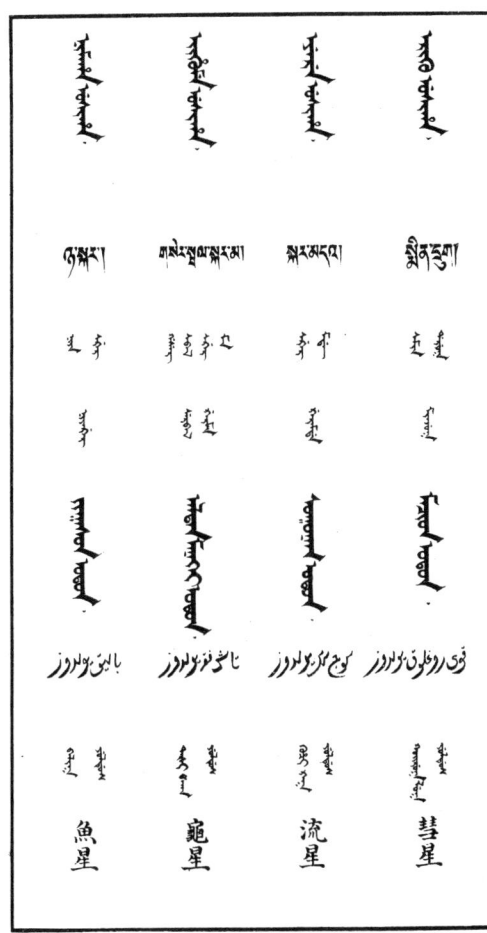

119.
nimaha usiha
niyag'ar
jigasun odon
balik yuldus
魚星

120.
eihume usiha
serbal g'arma
altan menekei odon
taši paka yuldus
龜星

121.
eyere usiha
g'aramda
sugūnak odon
kuc'y g'ak yuldus
lio sing 流星

122.
eriku usiha
minjuk
mecit odon
koiruk luk yuldus
sui sing 彗星

123.
usiha gerišembi
g'arma lam
odon jirubbeljemui
yuldus par keiraidu
sing guwang šan šo 星光閃灼

124.
usiha fisin
g'arma duk
odon nikta
yuldus koyok
sing mi 星密

125.
usiha seri
g'arma seng
odon seirek
yuldus šalang
sing hi 星稀

126.
usiha geri gari
g'arma ts'amts'om
odon jirub jarub
yuldus adzi kaldi
cen sing lo lo 晨星落落

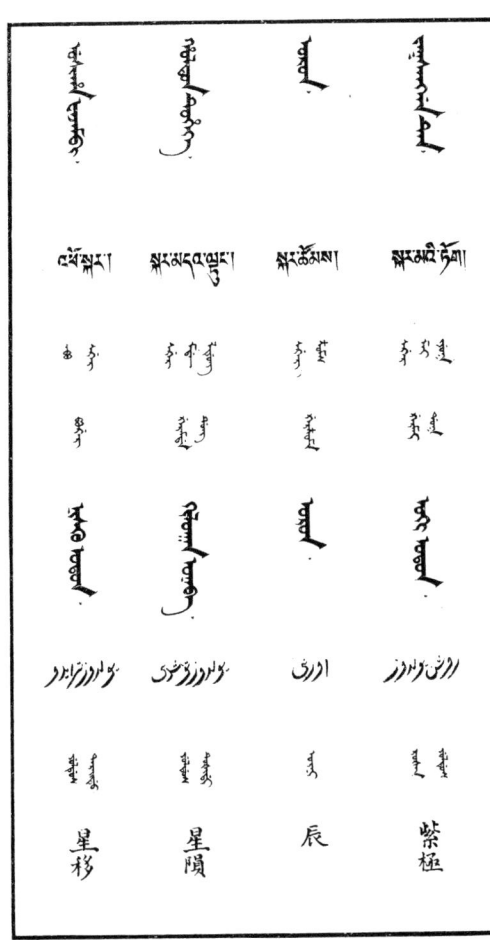

127.
usiha fajambi
pog'ar
nisku odon
yuldus taraidu
sing i 星移

128.
holton tuheke
g'aramda dung
gilugan unaba
yuldus tušidi
sing yūn 星隕

129.
oron
g'arts'om
oron
orni
cen 辰

130.
jaksangga
g'armai dok
oki oton
rošan yuldus
紫極

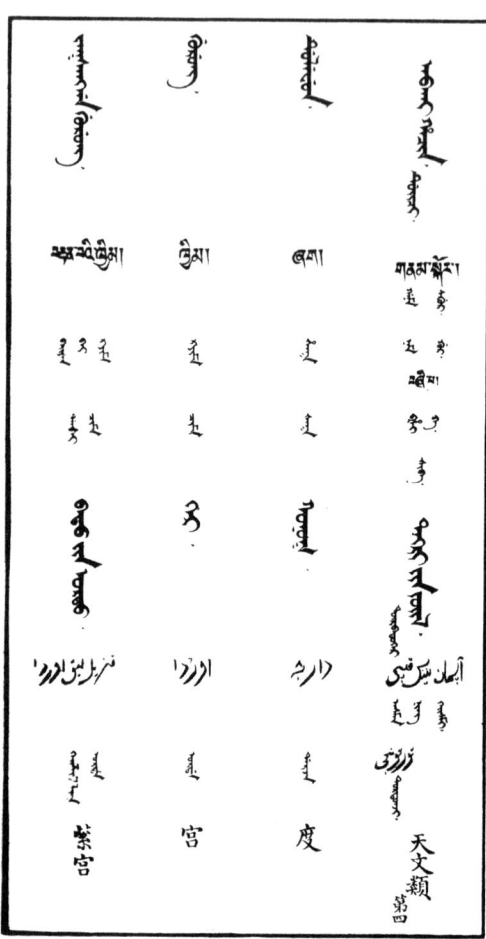

131.
jaksangga gurung
danbei cim
batu yen ordo
keidzil lek orda
紫宮

132.
gurung
cim
(ordo) ker
orda
gung 宮

133.
dulefun
šak
honok
darja
du 度

天文類（四）

第四章 五體文音義對照舉例

134.
tugi
birin
egule
bulut
yūn 雲

135.
tugi banjimbi
birin yei
egule turumui
bulut cikadu
šeng yūn 生雲

136.
tugi neigen
birin tib
egule neigen
bulut takši
yūn bu man 雲布滿

137.
tugi alhata
birin k'or
egule alakcin
bulut alanggo
yūn hūwa da 雲花搭

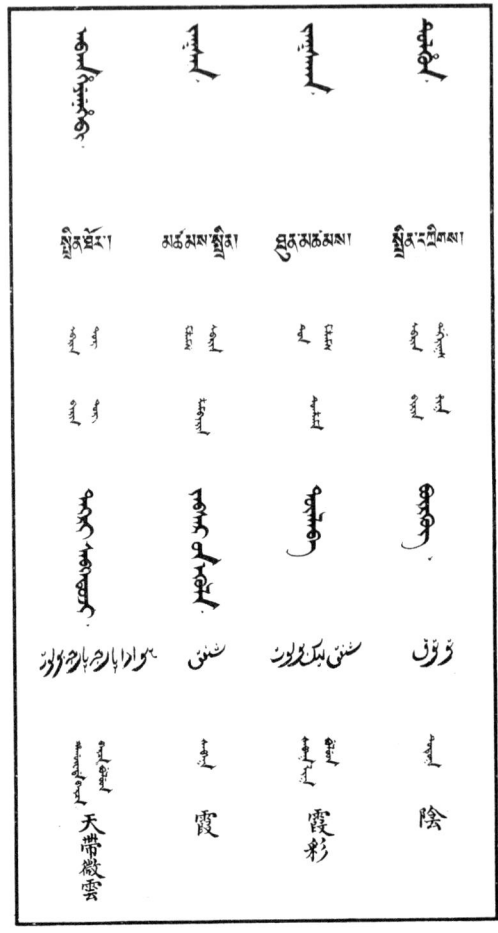

138.
abka heyenehebi
birin tor
tenggeri sebketuji
hagūwada parca parca bulut
tiyan dai wei yūn 天帶微雲

139.
jaksan
ts'ambirin
jabsar un egule
šapak
霞

140.
jaksaka
dunts'ama
tuyalaba
šapak lik bulut
hiya ts'ai 霞彩

141.
tulhun
birin jyk
burkuk
tutuk
yen 陰

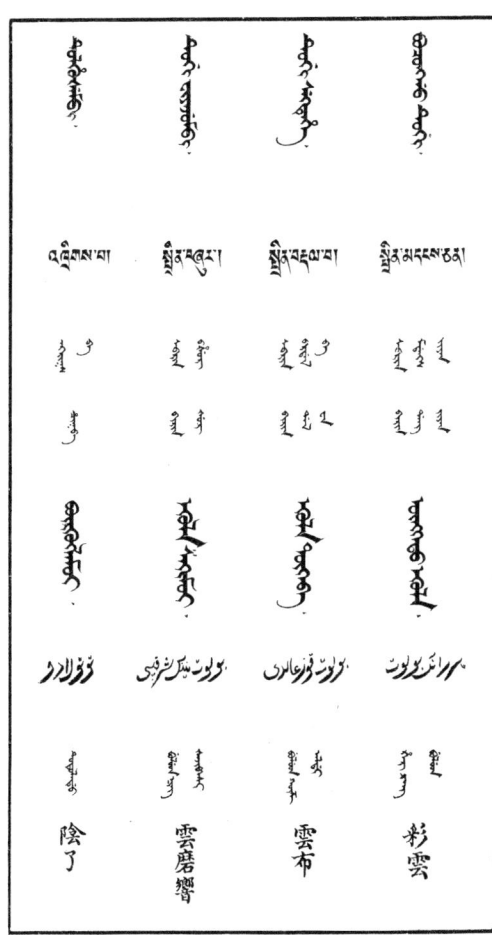

142.
tulhušembi
c'ykba
burkuklemui
tutuladu
yen liyao 陰了

143.
tugi fiyajumbi
birin šur
egule šagimui
bulut ning šajipasi
yūn mo hiyang 雲磨響

144.
tugi sektehe
birin dal wa
egule tugebe
bulut kūdzi aldi
yūn bu 雲布

145.
boconggo tugi
birin dang jiyan
ūnggetu egule
h'ar rang bulut
ts'ai yūn 彩雲

146.
neore tugi
birin ju wa
neguku egule
utura bulut
fu yūn 浮雲

147.
tugi haksaha
birin mar
egule ulaiba
bulut keidzardi
ho šao yūn 火燒雲

148.
tugi hiterenehe
birin damik
egule akta yen tugūrailaba
badar lik bulut
yoi lin yūn 魚鱗雲

149.
tugi yur sembi
birin cur
egule undurumui
bulut udzulmai kiyaladu
yūn ši io ran 雲勢油然

第四章　五體文音義對照舉例

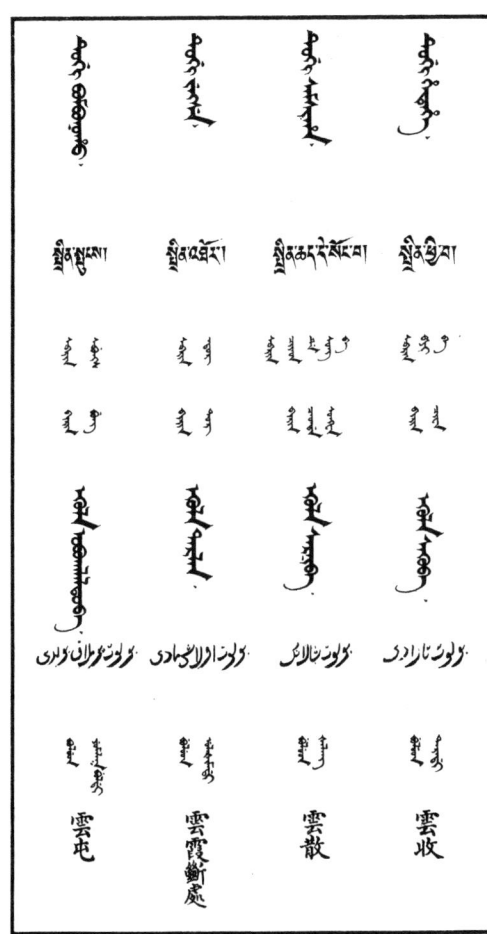

150.
tugi bombonoho
birin bung
egule obogalalduba
bulut yumlak buldi
yūn tun 雲屯

151.
tugi jekse
birin tor
egule tarlan
bulut ulašimadi
yūn hiya duwan cu 雲霞斷處

152.
tugi samsiha
birin catde songwa
egule sarniba
bulut šalang
yūn san 雲散

153.
tugi hetehe
birin ciwa
egule segube
bulut taradi
yūn šeo 雲收

119

154.
talman
mukba
budang
tuman
u 霧

155.
talmaka
mukba tib
budangtuba
tuman ladi
hiya u 下霧

156.
talman mukdeke
mukba ton
budang dekjibe
tuman kūta rildi
u g'ao qi 霧高起

157.
talman tehe
mukba cik
budang tunba
tuman oltordi
u cen 霧沉

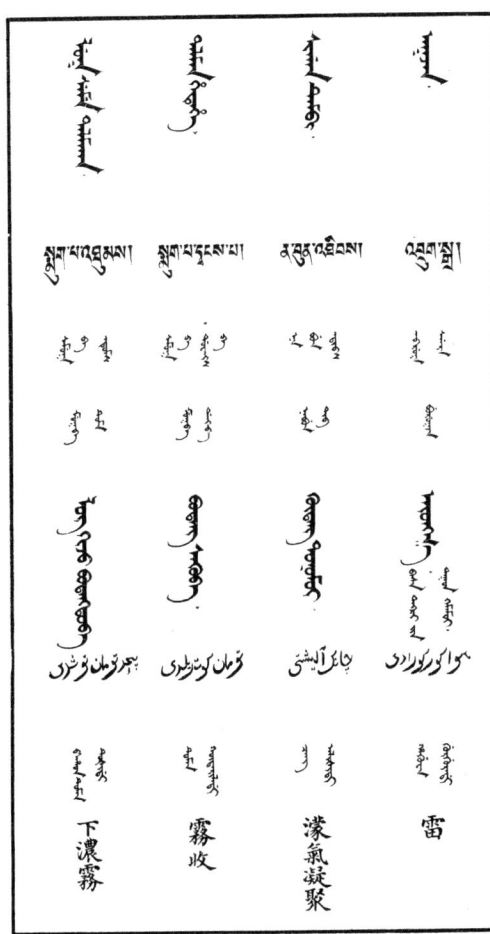

158.
luk seme talmaka
mukba tum
luk kiju budangtuba
panhon tuman tušidi
hiya nung u 下濃霧

159.
talman hetehe
mukba dangba
budang sekube
tuman kūtariladi
u šeo 霧收

160.
sigan tembi
nabun tib
kudeng tunumui
cang ališiti
meng ki ning jioi 濛氣凝聚

161.
akjan
burukja
ayungga
haguwa gurguradi
lui 雷

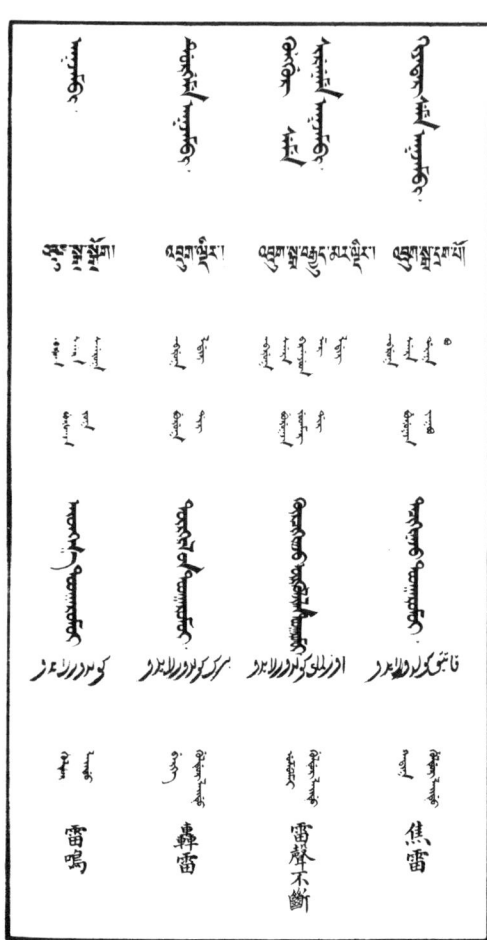

162.
akjambi
burukja yok
ayungga doogarumui
guldur laidu
lui ming 雷鳴

163.
durgeme akjambi
buruk dir
durkilun duogarumui
berke guldur laidu
hūng lui 轟雷

164.
kunggur seme sireneme akjambi
burukja yutmar dir
kurcigineju urguljile doogarumui
udzulmai guldur laidu
lui šeng bu duwan 雷聲不斷

165.
kiyatar seme akjambi
burukja yakbu
taciginaju doogarumui
katik guldur laidu
jiyao lui 焦雷

166.
akjan darimbi
jiyebab
ayungga dagarimui
caken tušadu
lui gi 雷擊

167.
talkiyan
lok
cakilgan
cakeilgan
diyan 電

168.
talkiyambi
lokcuk
cakilumui
ot cakeilaidu
da šan 打閃

169.
talkiyan giltarilambi
lok yu wa
cakilgan gilaskimui
cakeilgan parkei raido
diyan guwang šan šo 電光閃灼

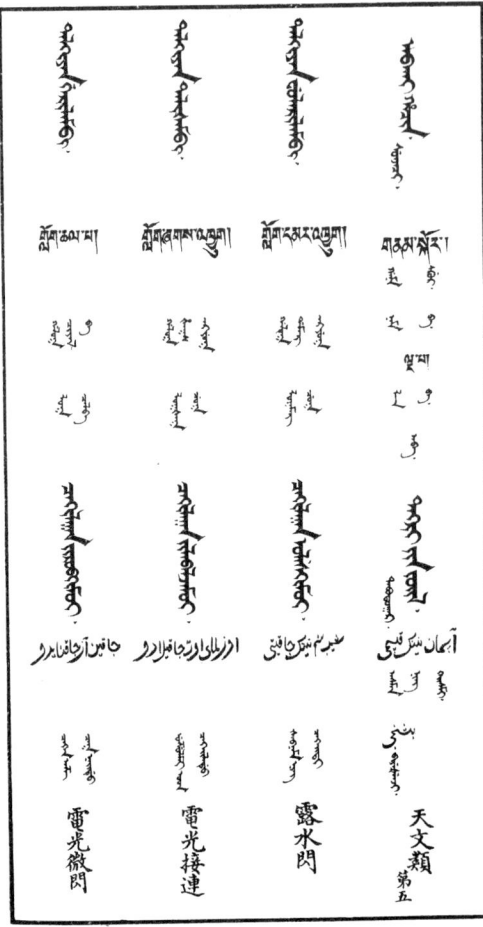

170.
talkiyan gerilambi
lok calba
cakilgan jirubkimui
caken adzi cak naidu
diyan guwang wei šan 電光微閃

171.
talkiyan tališambi
lokšak cuk
cakilgan jilabaljamui
udzulmai ot cakeiladu
diyan guwang jiyei liyan 電光接連

172.
talkiyan fularilambi
lokmar cuk
cakilgan ulaskimui
šabnam ning cakeiti
lu šui šan 露水閃

天文類（五）

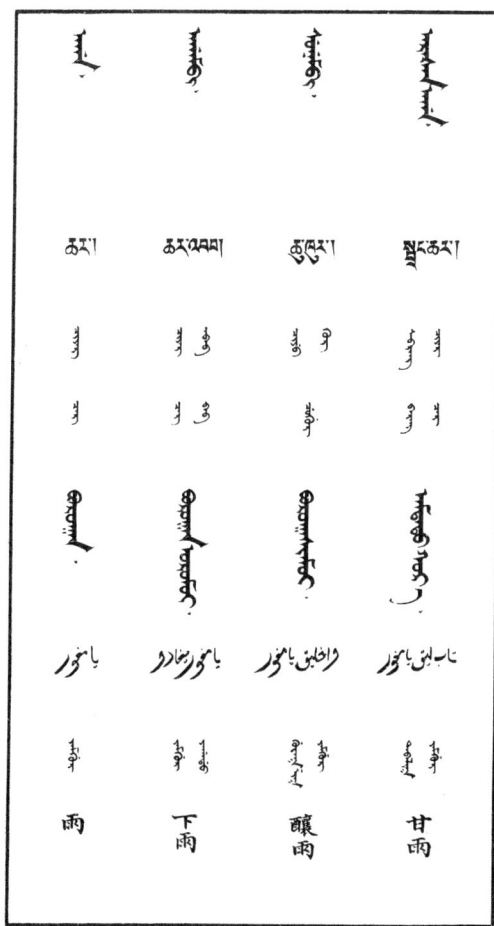

173.
aga
car
borogan
yamgur
ioi 雨

174.
agambi
car bab
borogan oromui
yamgur yagado
hiya ioi 下雨

175.
sunembi
cugur
(cangtumui) borogasimui
guwak lik yamgur
niyang ioi 釀雨

176.
arašan aga
barang car
amtatu kora
dabalik yamgur
甘雨

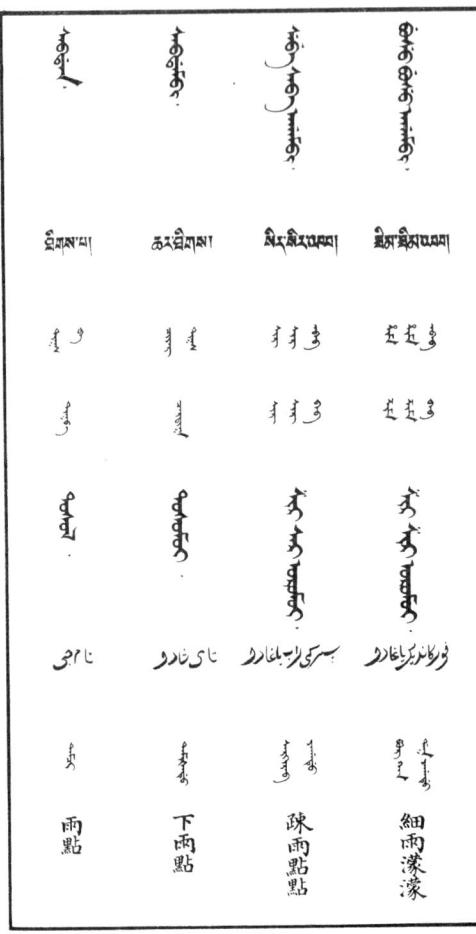

177.
sabdan
tikba
dusul
tamci
ioi diyan 雨點

178.
sabdambi
cartik
dusumui
tamišadu
hiya ioi diyan 下雨點

179.
sebe saba agambi
sir sir bab
šir šar oromui
sarkirab yagadu
su ioi diyan diyan 疎雨點點

180.
busu busu agambi
dzim dzim bab
šir šir oromui
par kan dak yagadu
si ioi meng meng 細雨濛濛

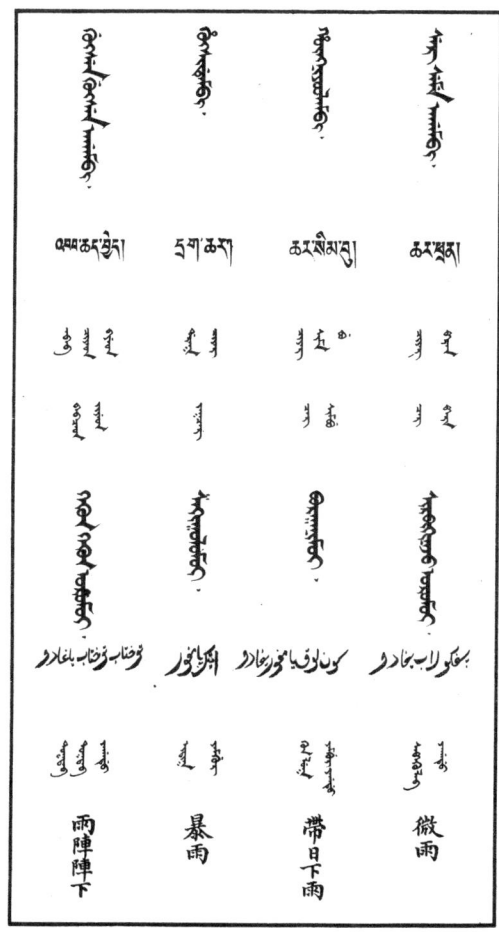

181.
guksen guksen agambi
babcat jiyet
kegus kegus oromui
toktab toktab yagadu
ioi jen jen hiya 雨陣陣下

182.
huksidembi
jakcar
šagigūlumui
idik yamgur
bao ioi 暴雨

183.
hūngniyoolambi
car simbu
burganimui
kun luk yamgur yagadu
dai ži hiya ioi 帶日下雨

184.
ser seme agambi
car para
sirbigineju oromui
sapaku lab yagadu
wei ioi 微雨

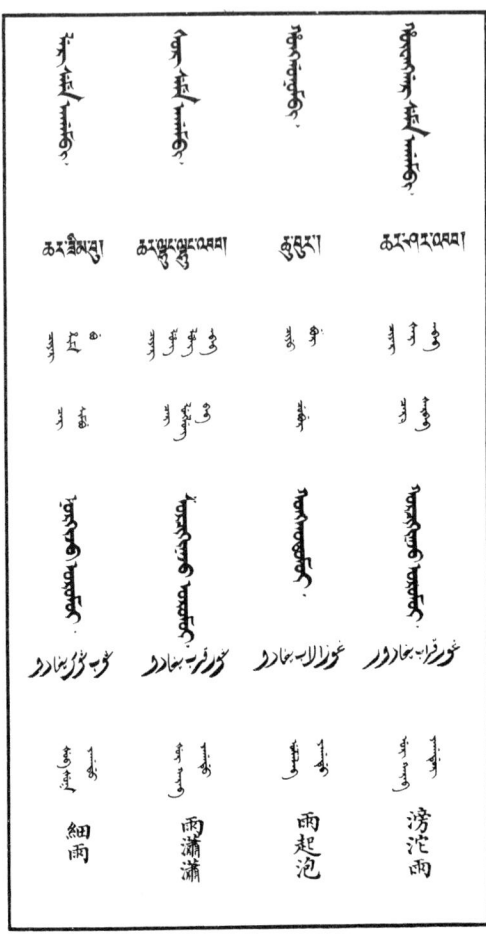

185.
ler seme agambi
car simbu
norkiju oromui
šub šuk yagadu
si ioi 細雨

186.
šor seme agambi
car lunglung bab
šorciginaju oromui
šur karab yagadu
ioi siyao siyao 雨瀟瀟

187.
honggonombi
cubur
honghotumui
udzalab yagadu
ioi ki pao 雨起泡

188.
hūwanggar seme agambi
car šarbab
horcikinaju oromui
ur karab yagadur
pang to ioi 滂沱雨

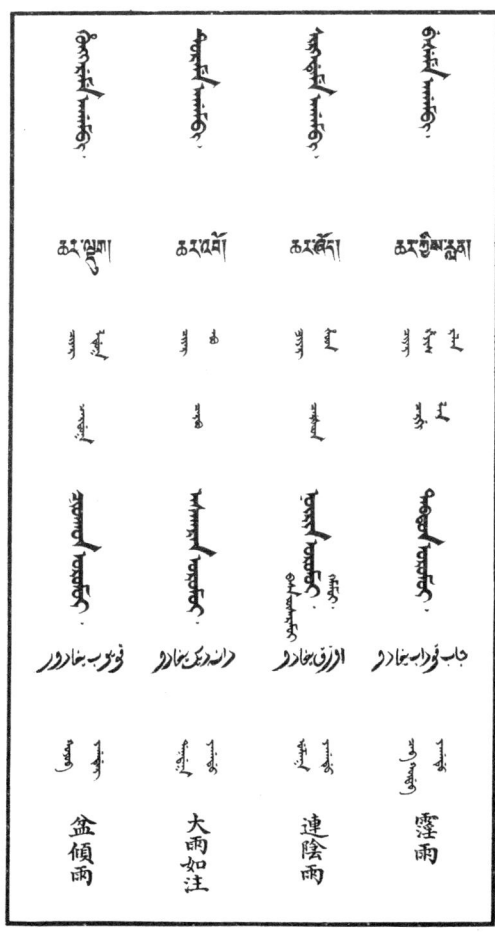

189.
hungkereme agambi
cardok
cithūn oromui
koyob yagadur
pen king ioi 盆傾雨

190.
turame agambi
carbo
asharan oromui
danadak yagadu
da ioi šu ju 大雨如注

191.
sirkedeme agambi
caršot
nūrin oromui [juseremui]
udzak yagadu
liyan yen ioi 連陰雨

192.
bešeme agambi
cargi lan
debtun oromui
cab kūdab yagadu
yen ioi 霪雨

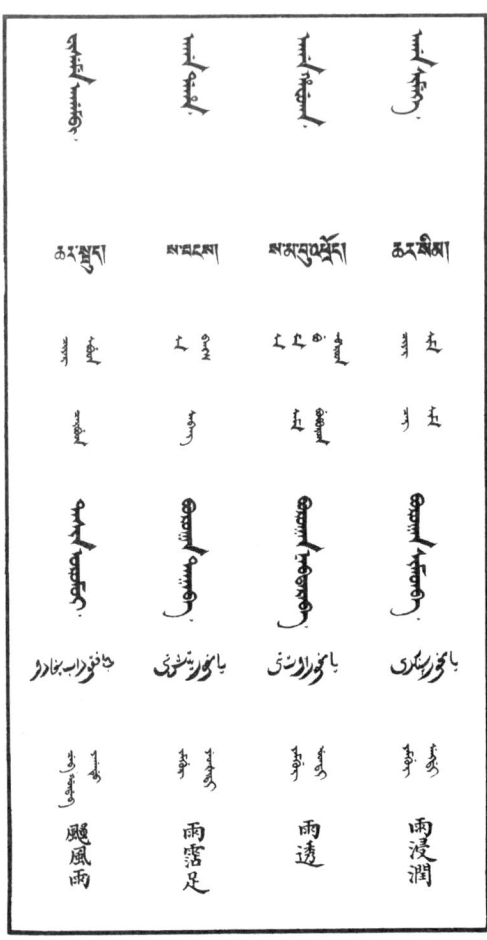

193.
fiseme agambi
carbut
tasin oromui
ceb gūdab yagadu
šao fung ioi 颮風雨

194.
aga daha
sabang
borogan dagaba
yamgur yetšiti
ioi jan dzu 雨霑足

195.
aga hafuka
sam buporot
borogan nebterebe
yamgur utti
ioi teo 雨透

196.
aga simeke
car sim
borogan simetbe
yamgur sengdi
ioi jin run 雨浸潤

197.
aga jelaha
car tinba
borogan jaliraba
yamgur adzi ana toktadi
ioi šao ting 雨少停

198.
uncehen bošoro aga
dotcar
joksoho borogan
turdugan yamgur
陣頭雨

199.
aga galaka
cardang
borogan arilba
yamgur toktadi
ioi cing 雨晴

200.
galga oho
birindang
arilji
acildi
cing liyao 晴了

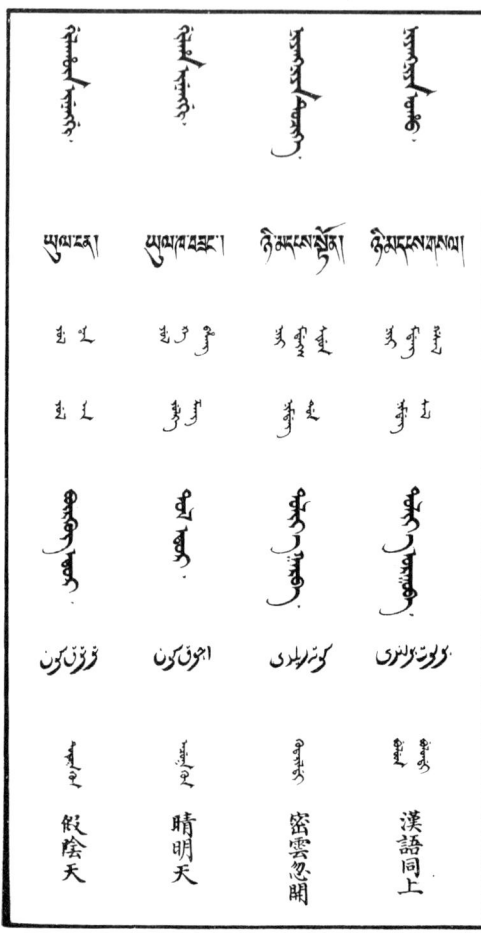

201.
gilahūn inenggi
yul an
burkug edur
tutuk kun
假陰天

202.
gilha inenggi
yulg'a dzang
dul edur
acuk gun
cing ming tiyan 晴明天

203.
niyangniya tucike
nimdang don
duliye garba
kutarildi
mi yūn hū k'ai 密雲忽開

204.
niyangniya oho
nimdang sal
(duliye bolba) duliye urkuba
bulut bulondi
漢語同上

第四章　五體文音義對照舉例

205.
nioron
yats'on
solongga
kūsi kūdza
hūng ni 虹霓

206.
nioron gocika
yatson šar
solongga tataba
kūsi kūdza cikdi
hūng hiyan 虹現

207.
nioron burubuha
yanok
solongga budegirebe
kūsi kūdza ni yabti
yūn je hūng ni 雲遮虹霓

208.
nioron samsiha
yayal
solongga sarniba
kūsi kūdza tarkati
hūng siyao 虹消

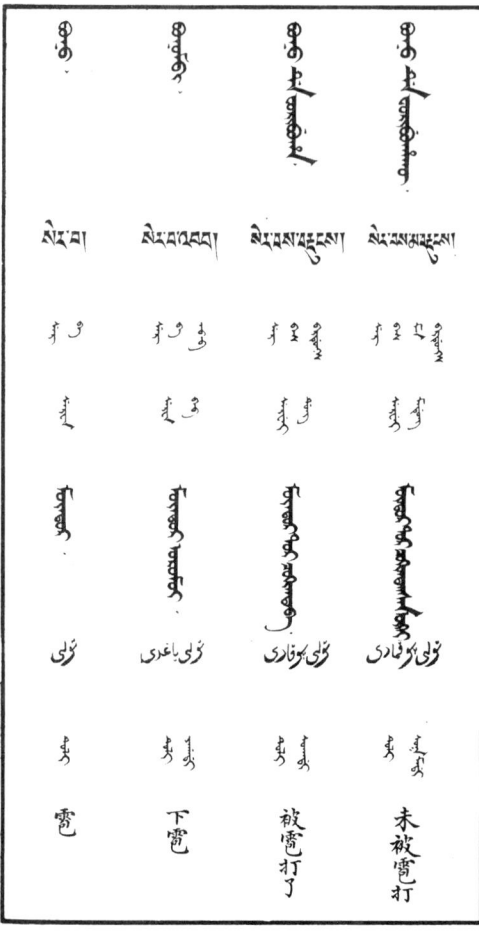

209.
bono
serwa
mundur
tuli
bao 雹

210.
bonombi
serwa bab
mūndur oromui
tuli yagadi
hiya bao 下雹

211.
bono de foribuha
serwei dung
mundur tur cokikdaba
tuli sokadi
bei bao da liyao 被雹打了

212.
bono de foribuhakū
serwei madung
mundur tur cokikdaksan ugei
tuli sok madi
wei bei bao da 未被雹打

第四章　五體文音義對照舉例

天文類（六）

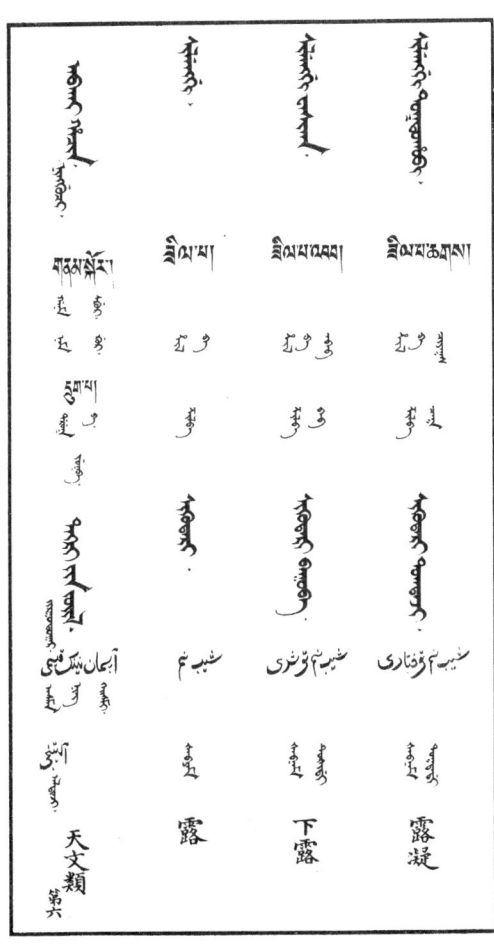

213.
silenggi
dzilba
siguderi
šabyam
lu 露

214.
silenggi wasika
dzilba bab
siguderi bagūba
šabnam tušidi
hiya lu　下露

215.
silenggi toktohobi
dzilba cak
siguderi toktaji
šabnam toktadi
lu ning　露凝

216.
silenggi gebkeljembi
dzilba ts'er
siguderi giltugenemui
šabnam yel tir laidu
lu guwang šan šo 露光閃灼

217.
silenggi fuhešembi
dzilba jyl
siguderi ūngkerimui
šabnam tabraidu
lu ju dang yang 露珠蕩漾

218.
jancuhūn silenggi
dzil ar
amtaihan siguderi
tatlik šabnam
g'an lu 甘露

219.
šanyan silenggi
dzilba g'arbo
cagan siguderi
ak šabnam
be lu 白露

第四章　五體文音義對照舉例

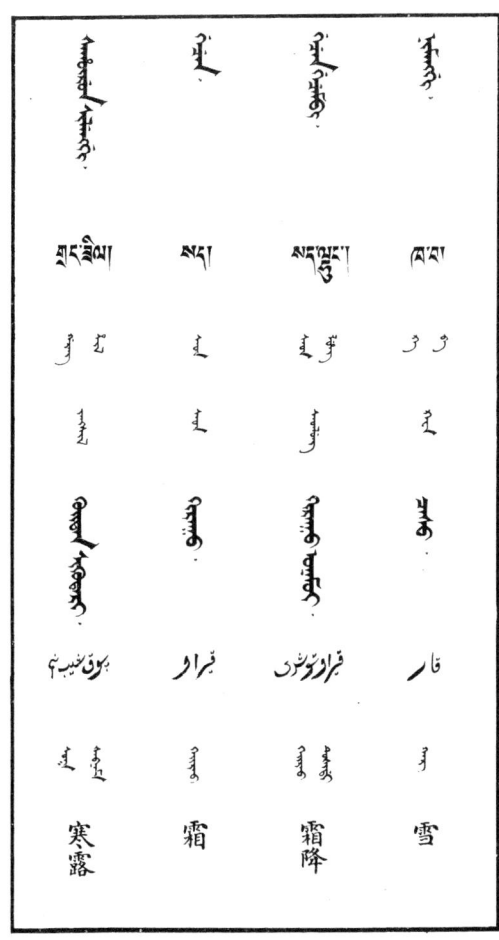

220.
šahūrun silenggi
jangsil
jikegun siguderi
sok šabnam
han lu 寒露

221.
gecen
sat
kiragū
keirao
šuwang 霜

222.
gecen gecembi
satlung
kiragū unamui
keirao tušidi
šuwang giyang 霜降

223.
nimanggi
k'awa
casu
kar
siowei 雪

137

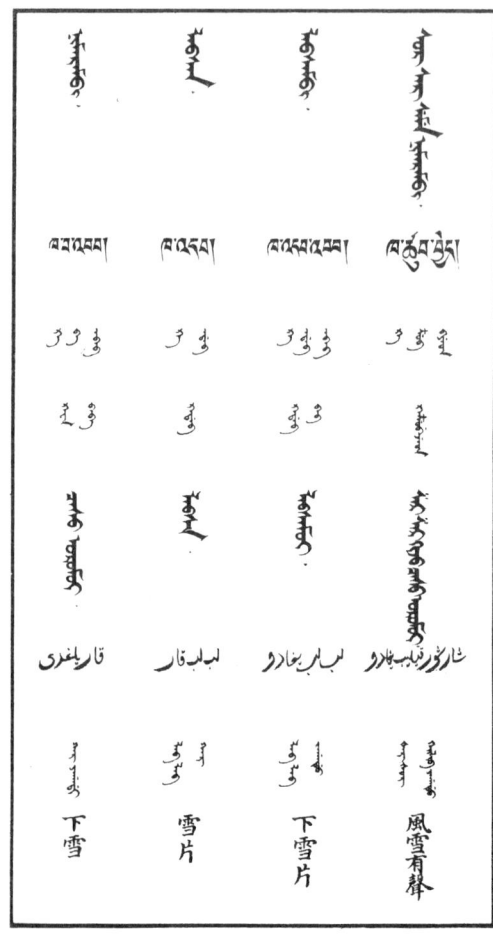

224.
nimarambi
k'awa baba
casu oromui
kar yagadi
hiya siowei 下雪

225.
labsan
k'adab
labsa
lab lab kar
siowei piyan 雪片

226.
labsambi
k'adab bab
labsamui
lab lab yagadu
hiya siowei piyan 下雪片

227.
sor sar seme nimarambi
k'ats'ubjet
šar šar kiju casu oromui
šar šor keilib yagadu
fung siowei io šeng 風雪有聲

228.
mere nimanggi
bokcol
hūlima casu[simerken casu]
kūnak kar
mi sin siowei 米心雪

229.
sacurambi
k'atuljet
sacuramui
kūnak kar yagadu
hiya mi sin siowei 下米心雪

230.
šarhūmbi
k'asbokjet
kirmaklamui
turub kar yagadu
dai ži hiya siowei 帶日下雪

231.
nimanggi kiyalmambi
lak butjet
casu šugūrumui
karcab kūdab yagadu
fung siowei piyao dang 風雪飄蕩

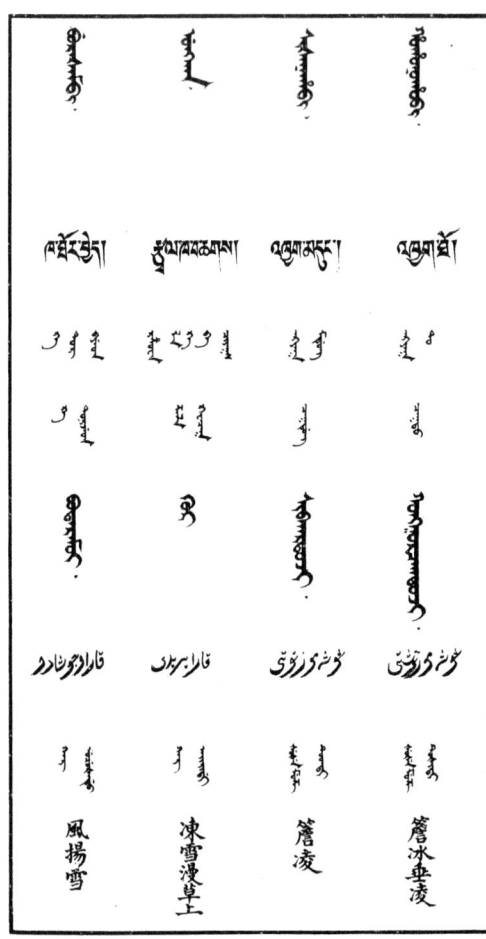

232.
burašambi
k'a torjet
butaramui
kar ucušadu
fung yang siowei 風揚雪

233.
ungkan
dzala k'awacak
kur
kar airidi
dung siowei man ts'ao šang 凍雪漫草上

234.
sišanahabi
cakdung
sibhartuji
šuše mudzi tutti
yan ling 簷凌

235.
hohonohobi
cakto
honggorcaktuji
šuše mudzi tušiti
yan bing cui ling 簷冰垂凌

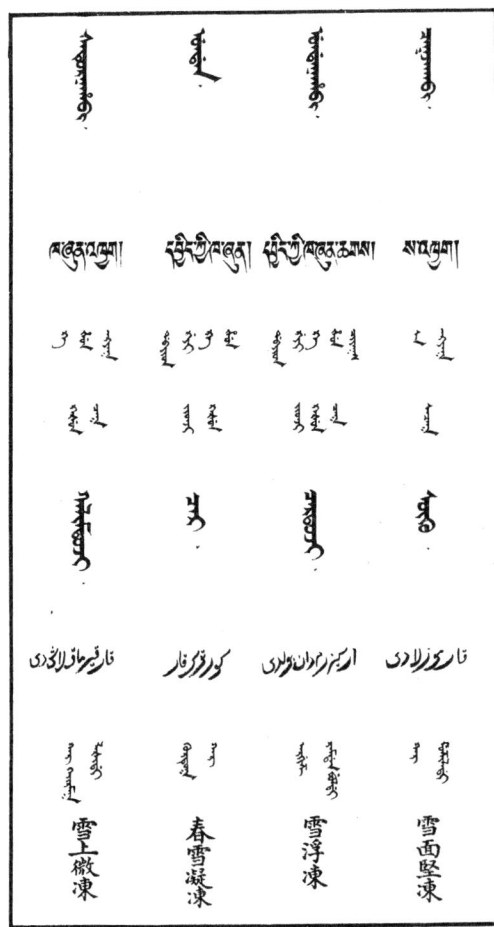

236.
šaturnahabi
k'ašun cak
halimtuji
kar keirmak lašidi
siowei šang wei dung 雪上微凍

237.
undan
jitji k'ašun
car
kurtuk kar
cūn siowei ning dung 春雪凝凍

238.
undanahabi
jitji k'ašun cak
（cargūtuji）cartuji
argidzi ramdan buldi
siowei fu dung 雪浮凍

239.
cakjakabi
sacak
（cartuji）suku
kar mudziladi
siowei miyan giyan dong 雪面堅凍

240.
nimanggi wengke
k'awa šu
casu hailba
kar airidi
siowei yung hūwa 雪融化

241.
nimašan muke
cakba šu
sira usu
argidzi
tao hūa šui 桃花水

天文類（七）

242.
sukdun
uk lang
agūr
hur
ki 氣

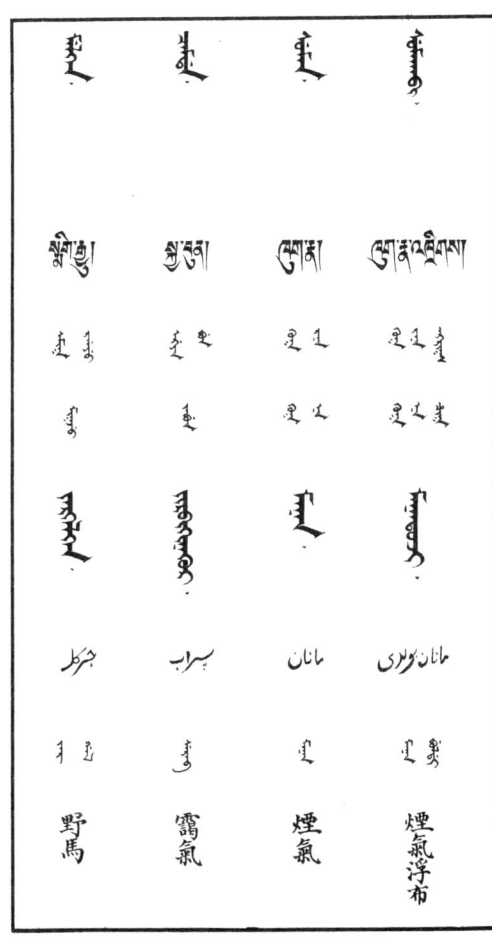

243.
melken
mikju
jergelgen
jar gal
ye ma 野馬

244.
camda
yabun
jirbiginegur
serab
ai ki 靄氣

245.
suman
kuk na
manan
manan
yan ki 煙氣

246.
sumakabi
kuk na c'yk
manantuji
manan buldi
yan ki fu bu 煙氣浮布

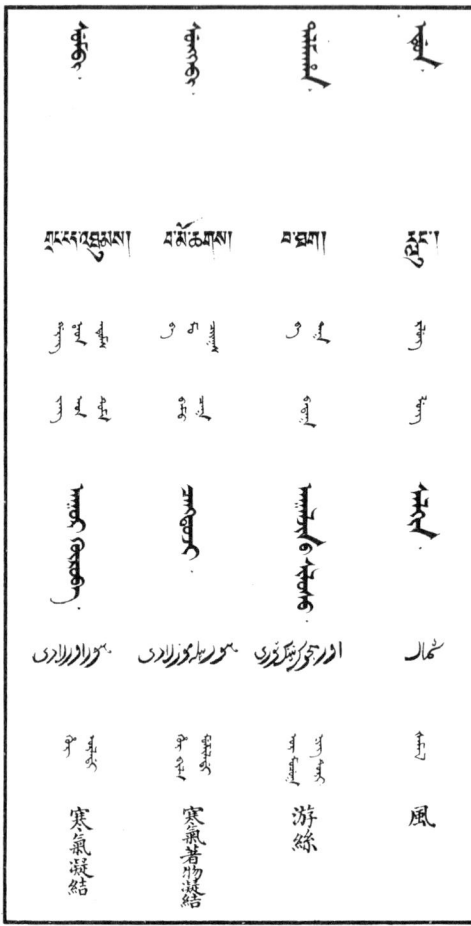

247.
sumbi
jang at tum
agūr kurube
hur orladi
寒氣凝結

248.
sungkebi
bamo cak
cangtuji
hur bila mudziladi
han ki jo u ning giyei 寒氣著物凝結

249.
talmahan
batak
agaljin nu silusu
or mocuk ning duri
io sy 游絲

250.
edun
lung
salkin
šamal
fung 風

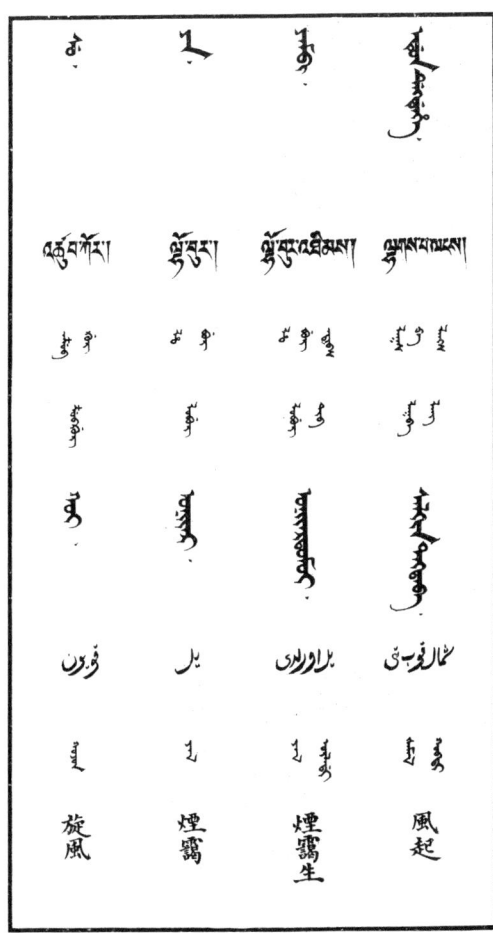

251.
su
ts'ubg'or
hūi
koyon
siowan fung 旋風

252.
ya
lobur
uniyar
yal
yan ai 煙靄

253.
yambi
lobur tib
uniyartumui
yal orladi
yan ai šeng 煙靄生

254.
edun dekdehe
lakba lang
salkin dekdebe
šamal kobti
fung ki 風起

255.
edun dambi
lung yoi
salkin salkilamui
šamal buldi
guwa fung 刮風

256.
edumbi
lung yuk
salkilamui
šamal laidu
漢語同上

257.
hūwaliyasun edun
lung jiyambo
nairtu salkin
hoši haguwa šamal
ho fung 和風

258.
halhūn edun
lung ts'awa
halagūn salkin
isek k'ak šamal
nuwan fung 暖風

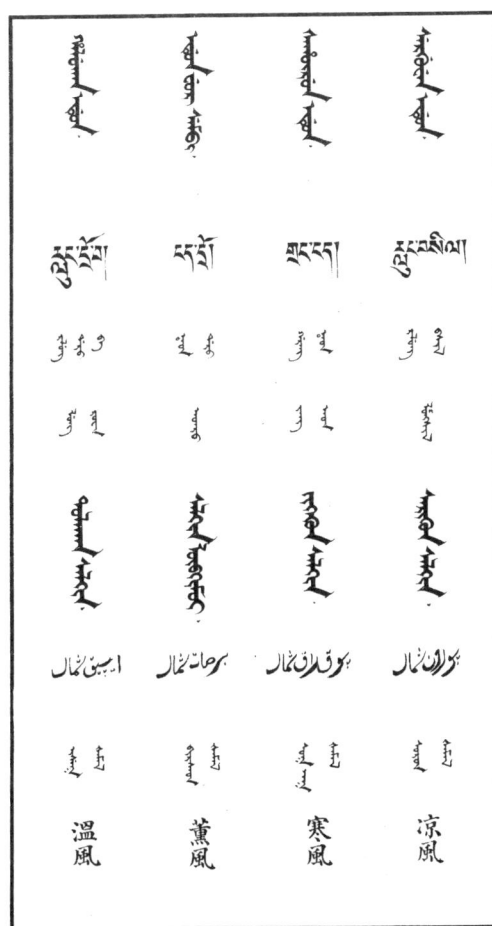

259.
halukan edun
lung rowa
dulahan salkin
isek šamal
wen fung 溫風

260.
edun fur sembi
atro
salkin lūbkimui
birsat šamal
hiyūn fung 薰風

261.
šahūrun edun
jang at
jikegun salkin
sok ak šamal
han fung 寒風

262.
serguwen edun
lungsil
serigun salkin
soron šamal
liyang fung 涼風

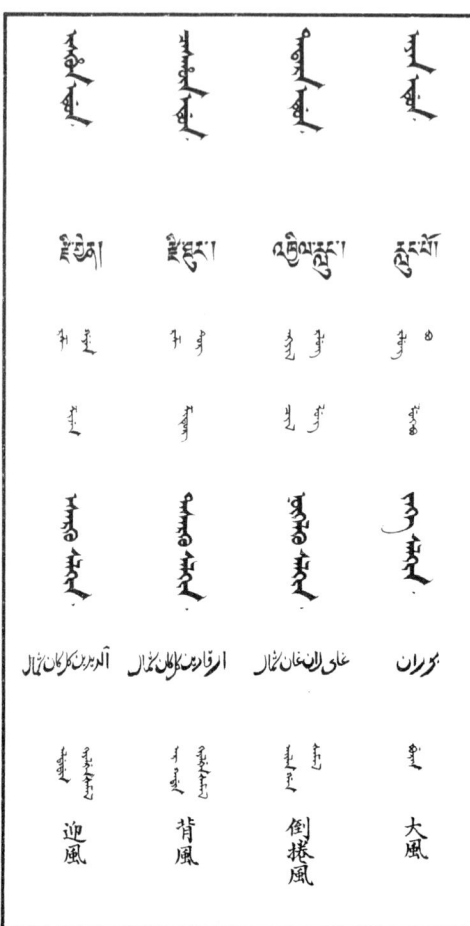

263.
ishun edun
dzijen
esergu salkin
aldidin kiyalg'an šamal
ing fung 迎風

264.
cashūn edun
dzitur
tesergu salkin
ar kadin kiyalg'an šamal
bei fung 背風

265.
tatara edun
cil lung
nukelku salkin
ailan gan šamal
dao giowan fung 倒捲風

266.
ayan edun
lungbo
ike salkin
buran
da fung 大風

267.
ser seme dambi
lungsilbu
sar sar salkilamui
pas šamal
wei fung 微風

268.
šeo seme dambi
lung sirbu
surkireju salkilamui
pas rak šamal
piyao fung 飄風

269.
hoo seme dambi
lung ur
hagiju salkilamui
kara buran
kuwang fung 狂風

270.
falga falga dambi
lung ts'ants'an lang
kui kui salkilamui
toktab toktab kiyalgan šamal
jen jen guwa fung 陣陣刮風

271.
šasišame dambi
šoklung
habirgan tasio salkilamui
yandin kiyalak šamal
pang fung 旁風

272.
hūrgime dambi
lung cukba
hūruljan salkilamui
ur kūra gan šamal
hūi fung 迴風

273.
hūjime dambi
lunggi urja
šooginan salkilamui
katik šamal
fung ming tiyao 風鳴條

274.
febumbi
lunggi k'akba
guberumui
turagan šamal
fung ding ju 風頂住

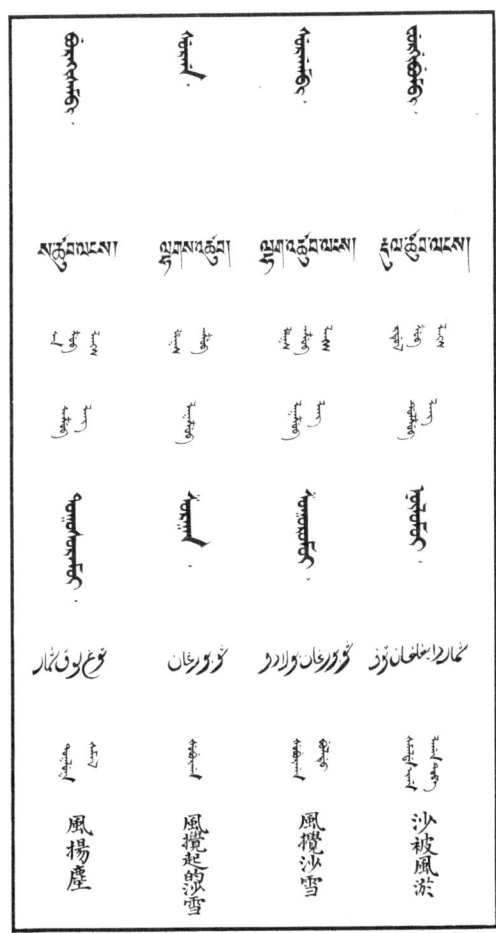

275.
burakišambi
sats'ub lang
togosuramui
tokluk šamal
feng yang cen 風揚塵

276.
šurga
lakts'ub
šurgan
šuburaga
fung giyao ki di ša siowei 風攪起的沙雪

277.
šurgambi
lakts'ub lang
šugurumui
šuburaga buladu
風攪沙雪

278.
furgibumbi
dults'ub lang
nūlumui
šamalda iga lagan tupa
ša bei fung ioi 沙被風淤

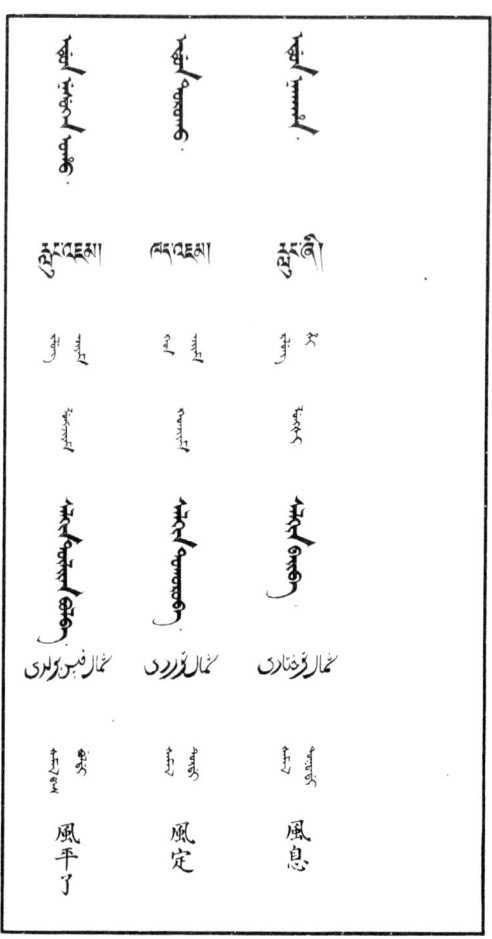

279.
edun nesuken oho
lungjiyam
salkin duliyen bolba
šamal pas buldi
fung ping liyao 風平了

280.
edun toroko
k'atjiyam
salkin tohoroba
šamal turdi
fung ding 風定

281.
edun nakaha
longši
salkin baiba
šamal toktadi
fung si 風息

第四章 五體文音義對照舉例

第二節 時令部五體詞語滿文注音之轉寫①

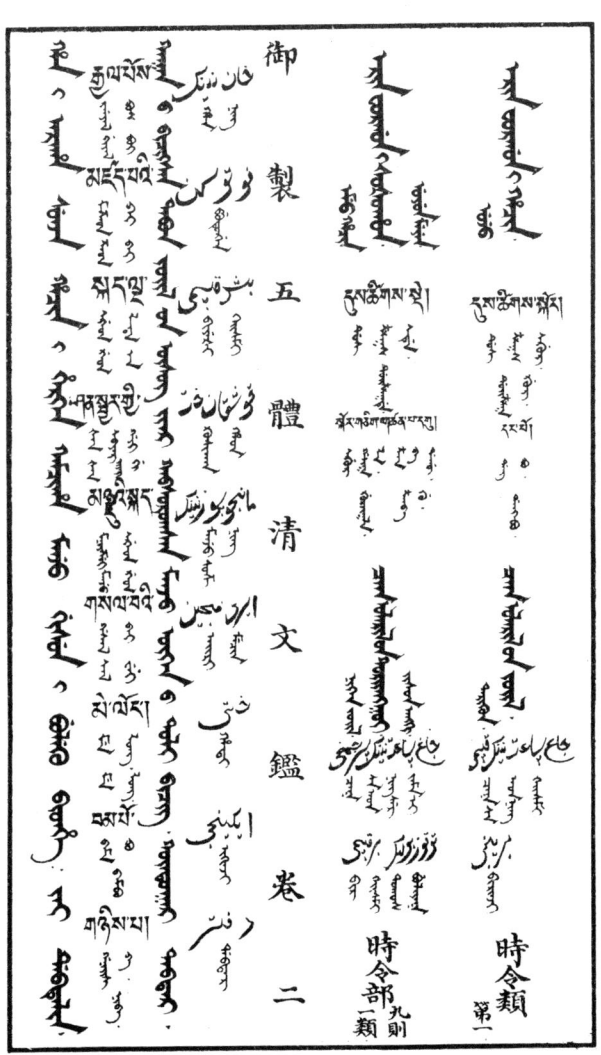

---

① 詞條編號順序接前。

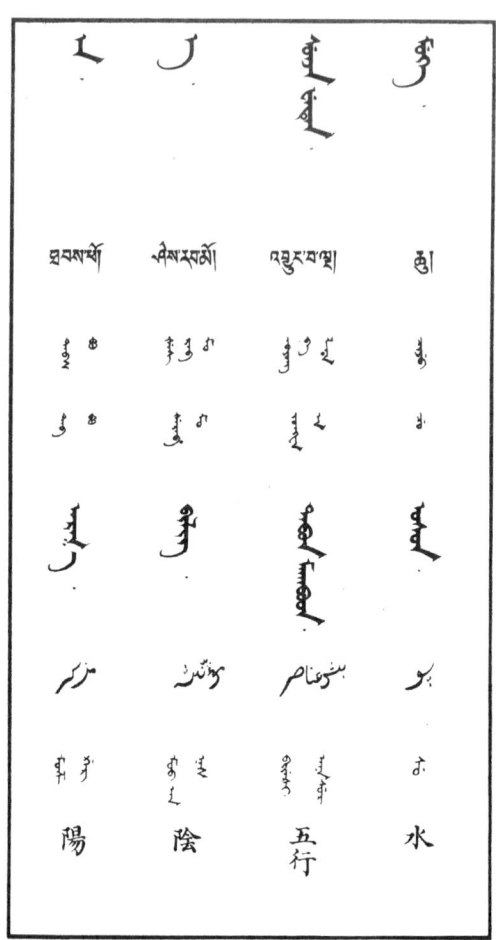

282.
a
tab po
arga
modzi g'ar
yang 陽

283.
e
šerab mo
bilik
moo an nas
yen 陰

284.
sunja feten
yongwa a
tabun mahabut
biyeši ana sur
u hing 五行

285.
muke
cu
usun
su
šui 水

第四章　五體文音義對照舉例

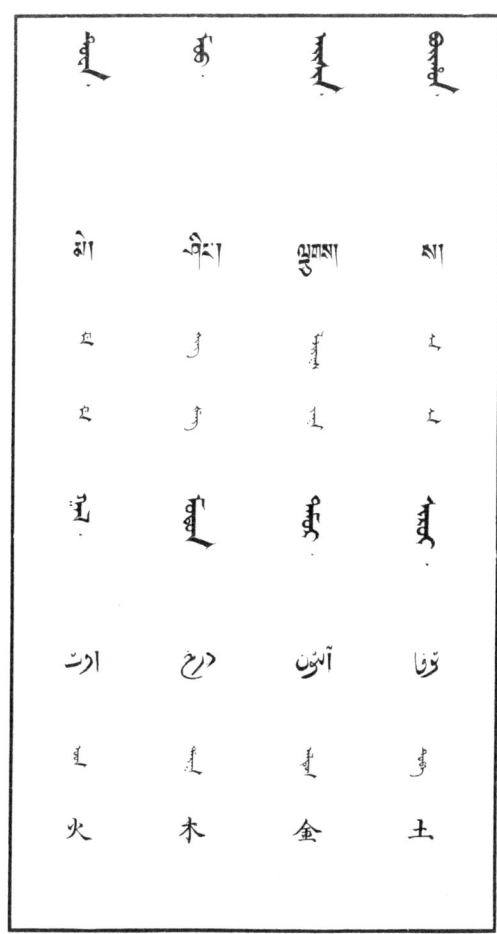

286.
tuwa
me
gal
ot
ho 火

287.
moo
šeng
modon
darak
mu 木

288.
aisin
jak
altan
altun
gin 金

289.
boihon
sa
siroi
tupa
tu 土

155

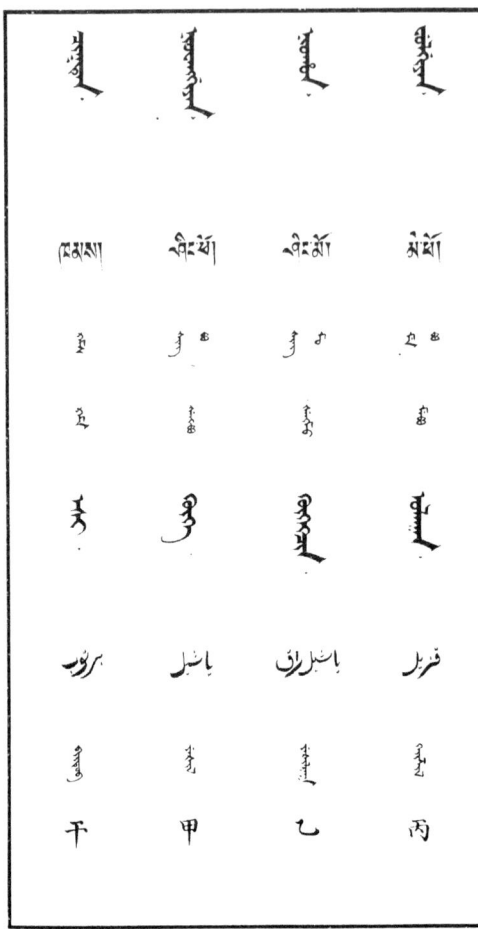

290.
cikten
kam
esi
birtub
g'an 干

291.
niowanggiyan
šengpo
kuke
yešil
giya 甲

292.
niohon
šengmo
kukekcin
yešilraki
i 乙

293.
fulgiyan
mepu
ulagan
keidzil
bing 丙

294.
fulahūn
memo
ulakcin
keidzilrak
ding 丁

295.
suwayan
sapo
sira
serik
u 戊

296.
sohon
samo
sirakcin
serikrak
gi 己

297.
šanyan
jakpo
cagan
ak
geng 庚

298.
šahūn
jakmo
cagakcin
akrak
sin 辛

299.
sahaliyan
cupo
hara
kara
žin 壬

300.
sahahūn
cumo
harakcin
kararak
gui 癸

301.
gargan
lonroi
erketen【jil un yabudal】
šak
jy 支

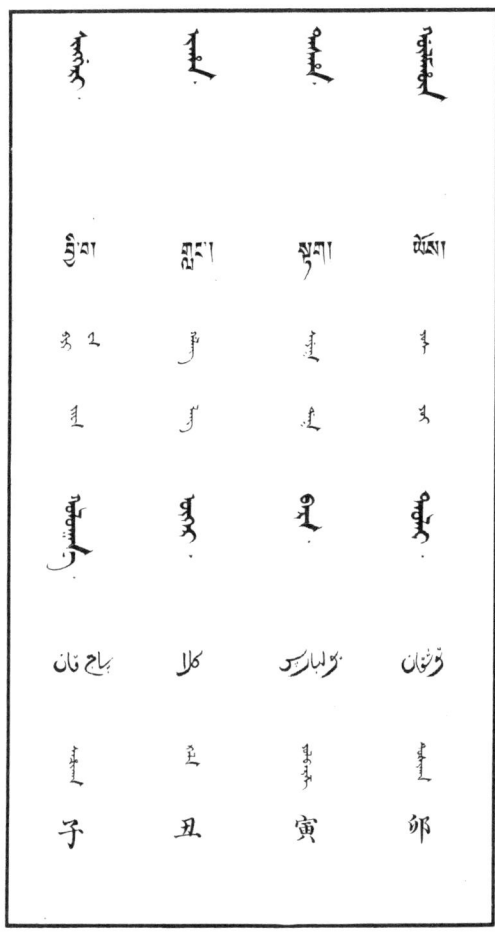

302.
singgeri
jiwa
hūlugana
sac'ykan
dzi 子

303.
ihan
lang
uker
k'ala
ceo 丑

304.
tasha
dak
bars
yolbardzi
yen 寅

305.
gūlmahūn
yoi
taolai
tušikan
mao 卯

306.
muduri
baruk
luo
h'aic'ydar
cen 辰

307.
meihe
barul
mogai
ilan
sy 巳

308.
morin
da
mori
at
u 午

309.
honin
luk
honi
koi
wei 未

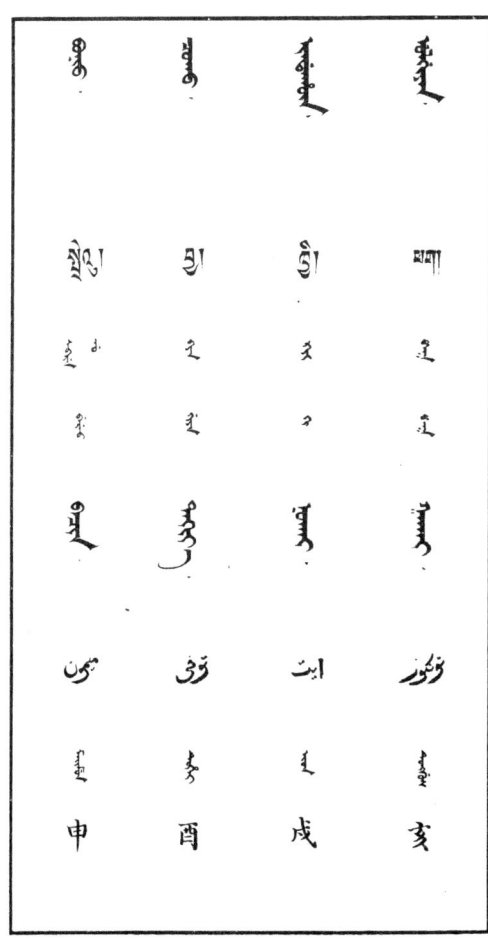

310.
bonio
bereo
becin
maimun
šen 申

311.
coko
giya
takiya
tuhei
io 酉

312.
indahūn
ki
nohai
it
sioi 戌

313.
ulgiyan
pak
gahai
tunggus
hai 亥

時令類（二）

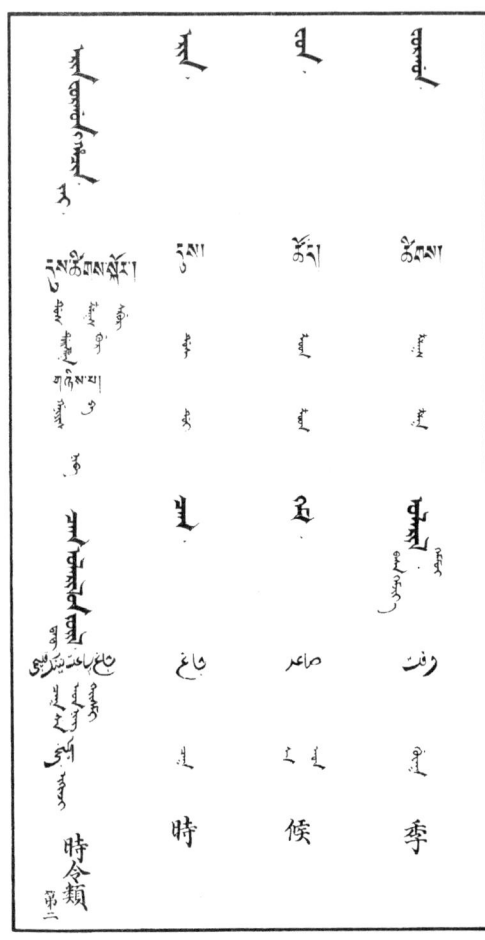

314.
erin
dui
cak
cak
ši 時

315.
fon
ts'ot
kem
sa at
heo 候

316.
forgon
tsik
ularil【kemjiye】
guwak
gi 季

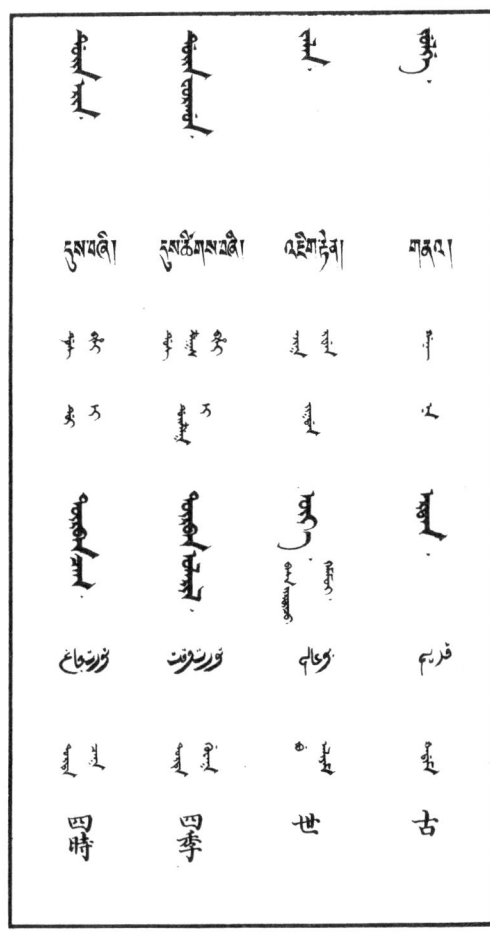

317.
duin erin
dui ži
durben cak
torte cak
sy ši 四時

318.
duin forgon
duitsik ži
durben ularil
torte guwak
sy gi 四季

319.
jalan
jikden
uye【irtincu】
bu aliyam
ši 世

320.
julge
na
erten
kadim
gu 古

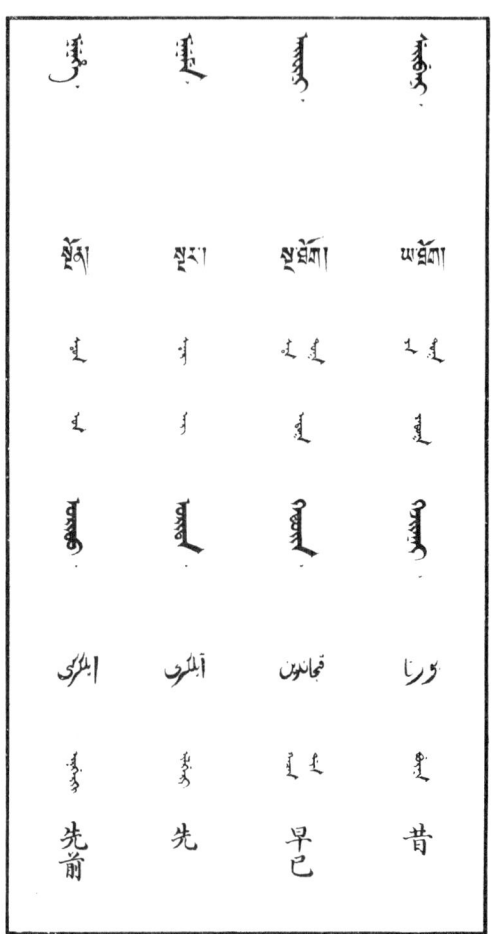

321.
nenehe
on
uridu
irg'arki
siyan ciyan 先前

322.
neneme
ar
urida
ilgari
siyan 先

323.
aifini
atok
keduin
kacan din
dzao i 早已

324.
seibeni
yatok
kejiyenei
burna
si 昔

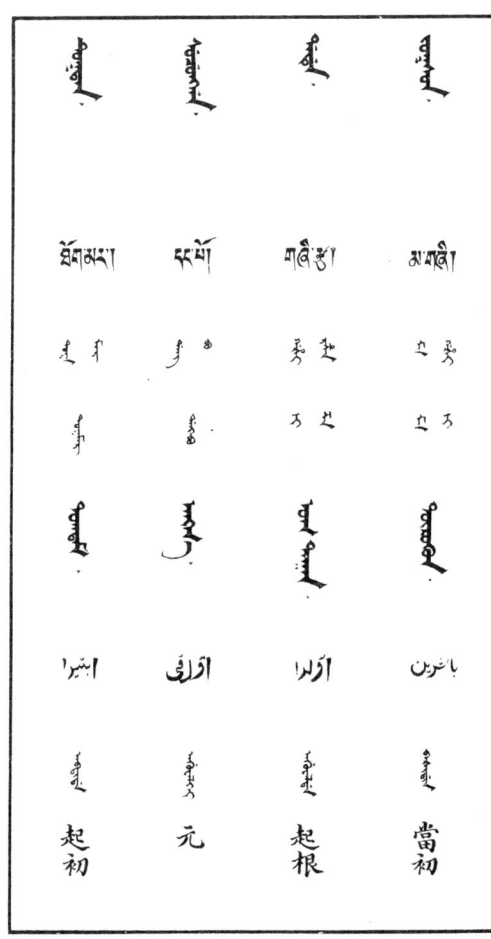

325.
tuktan
tokmar
tuktam
abtida
ki cu 起初

326.
sucungga
dangbu
angha
aguwalkei
yuwan 元

327.
dade
ži dza
uk tagan
aguwalda
ki gen 起根

328.
jokson
ma ži
turugun
bašidin
dang cu 當初

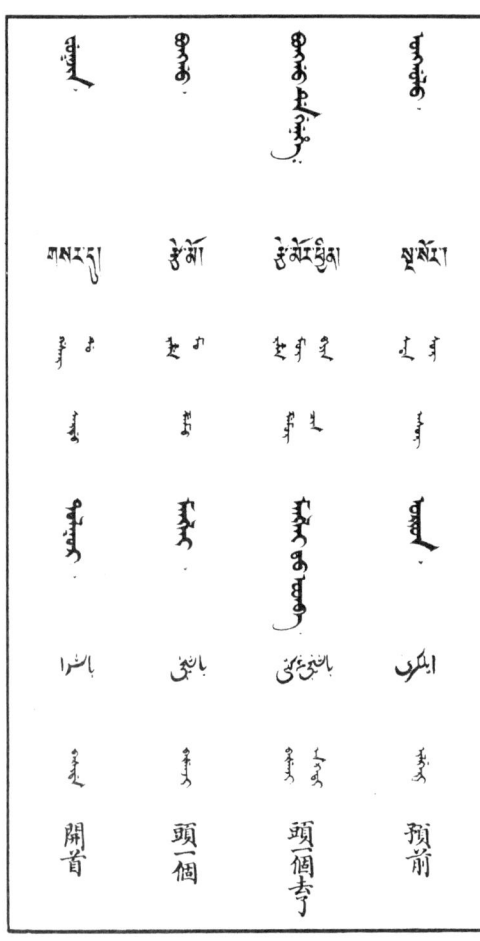

329.
fukjin
sardu
tulgur
bašida
kai šeo 開首

330.
bonggo
dzemo
manglai
bašenji
teo i ge 頭一個

331.
bonggo de genehe
dzemor cin
manglai du otba
bašenji a kadi
teo i ge kioi liyao 頭一個去了

332.
onggolo
asor
urit
ilg'ari
ioi ciyan 預前

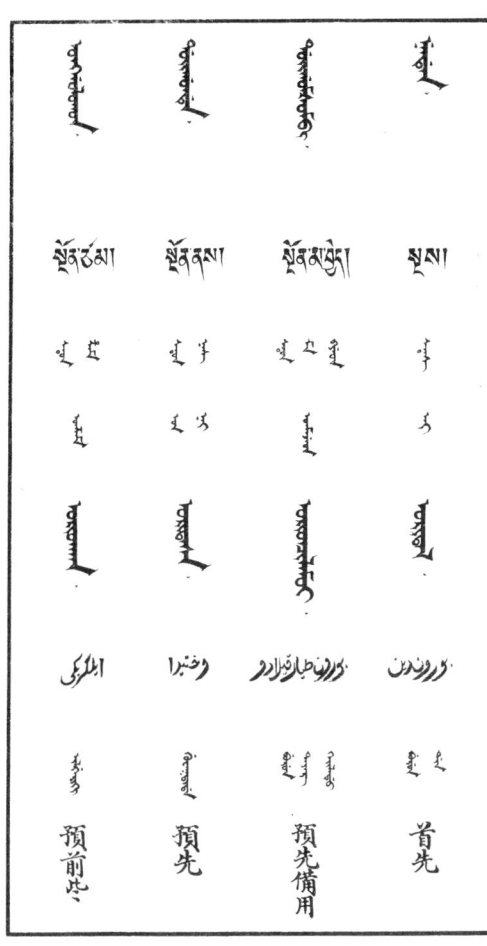

333.
onggolokon
ondzam
urithan
ilg'ariki
ioi ciyan siyei 預前些

334.
doigonde
on nai
uridasa
guwaktida
ioi siyan 預先

335.
doigomšombi
onmayet
uritcilamui
burun tayar keiladu
ioi siyan bei yung 預先備用

336.
nenden
ai
urital
burun din
šeo siyan 首先

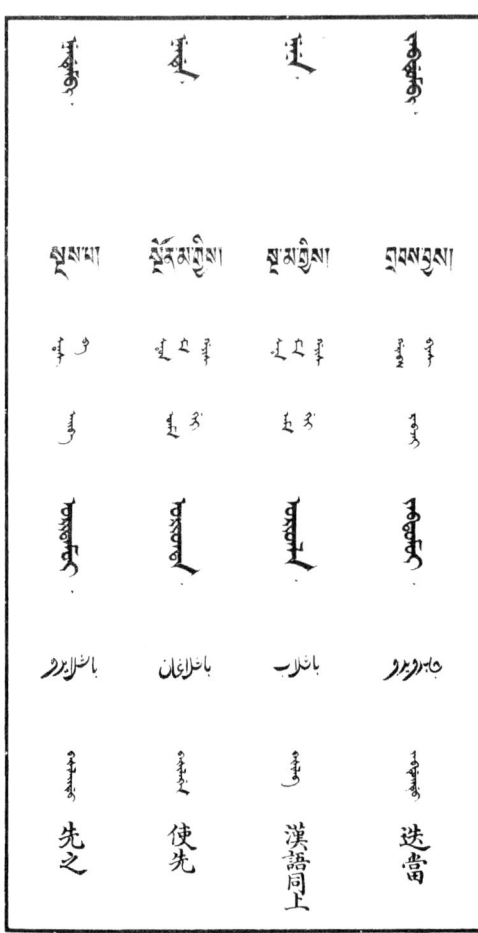

337.
nendembi
aiba
uritamui
bašilaidu
siyan jy 先之

338.
nende
onma gii
uritta
bašilag'an
ši siyan 使先

339.
nene
ama gii
uritla
bašilab
漢語同上

340.
jabdumbi
rabajai
jabdumui
jabduidu
diyei dang 迭當

第四章 五體文音義對照舉例

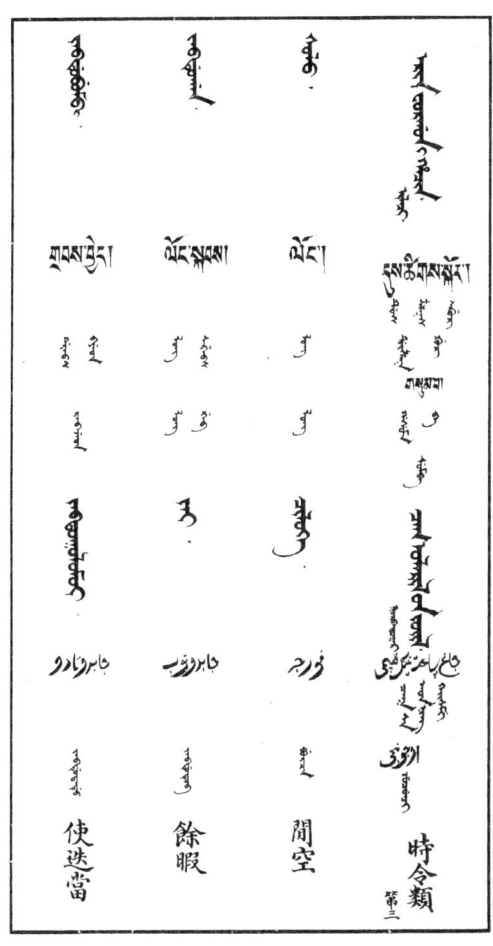

341.
jabdubumbi
rabjet
jabdugūlumui
jabdutadu
ši diyei dang 使迭當

342.
jabdugan
long g'ab
(jabduga) jai
jabdutub
ioi hiya 餘暇

343.
šolo
long
ciluge
purca
hiyan kung 閒空

時令類（三）

169

344.
te
dalda
eduge
hali
gin 今

345.
ne
daca
odo
amdi
hiyan gin 現今

346.
nergin
ts'e
ujur
dar mahal
lin ši 臨時

347.
ucuri
g'ab
ucar
buyeken din
i hiyang 一向

第四章　五體文音義對照舉例

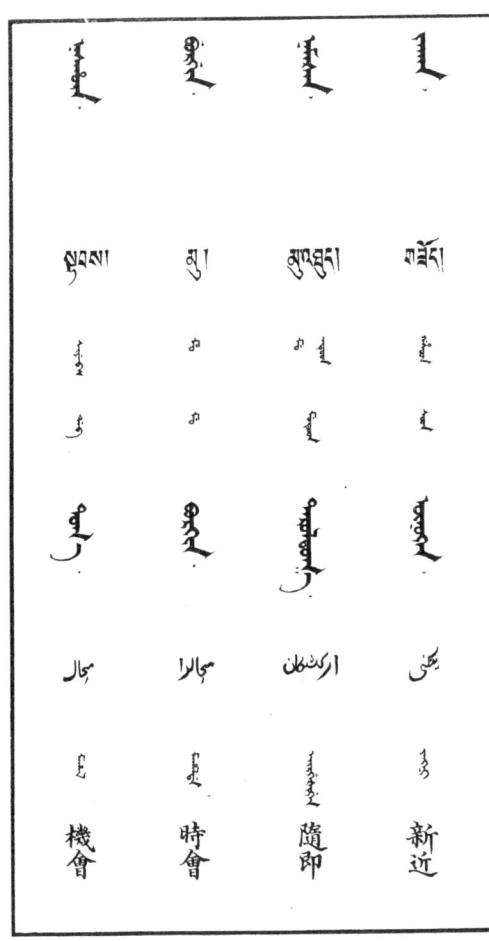

348.
nashūn
dab
tuha
mahal
gi hūi 機會

349.
burgin
mu
burgin
mahalda
ši hūi 時會

350.
namašan
mutut
darulduga
eirgešig'an
sui ji 隨即

351.
jakan
sot
ūnuken
yangni
sin gin 新近

352.
teike
dot
mūnu
baya
fang ts'ai 方纊

353.
teni
daji
sai
amdi
ts'ai 纊

354.
teniken
dagi
(sayahan) sayaha
amdi rak
jiyang ts'ai 將纊

355.
andan
yutjik
jagūra
pil hal
king ke 頃刻

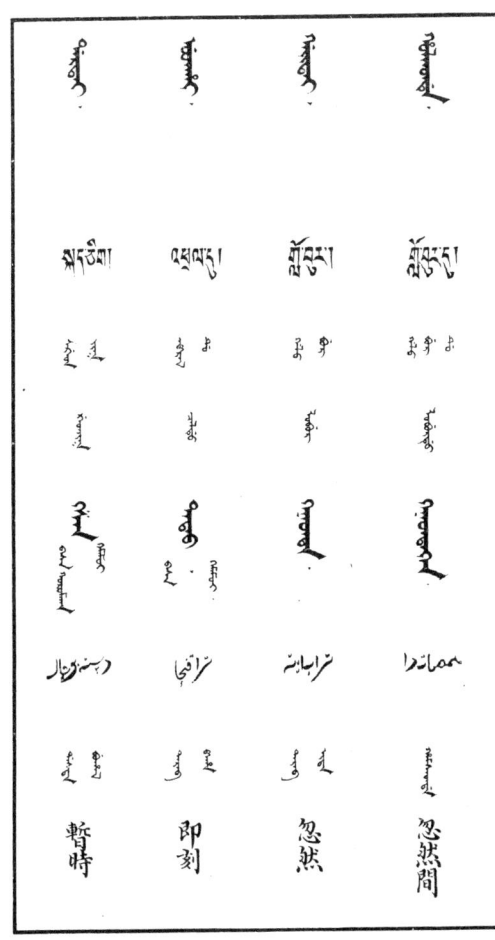

356.
dartai
g'atjik
(turken) kšan【hūrumhan】
dasta buhal
jan ši 暫時

357.
uthai
caldu
tedu
tarab paha
ji ke 即刻

358.
gaitai
lobur
genette
tarab ita
hū šan 忽然

359.
holkonde
loburdu
genetteken
hamsarda
hū šan giyan 忽然間

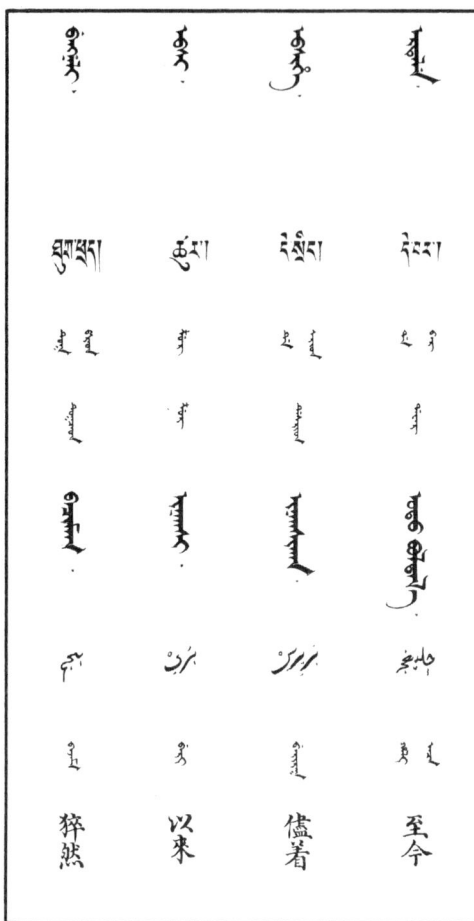

360.
bengneli
tukcat
bacimak
bajam
ts'u žan 猝然

361.
ebsi
ts'ur
inaksi
beri
i lai 以來

362.
ebsihe
desrit
inaksihan
berirak
jin jo 儘着

363.
ertele
dawar
odo boltala
hali aca
jy gin 至今

364.
tetele
dadung
eduge boltala
bucak aca
ki gin 迄今

365.
baji
jiong
bacihan
hami dzemanla
šao ši 少時

366.
bajikan
endzam
bacihahan
bir dzeman rak
šao ši siyei 少時些

367.
bajima
enjik
bacihansik
bir dzeman
šao c'y 少遲

368.
kejine
garab
neliyet
jah'an
hao i hūi 好一會

369.
unde
maran
edui
ta i yok
šang wei 尚未

370.
ulhiyen
rimgii
ulam
yuroi
jiyan 漸

371.
ulhiyen ulhiyen i
rim žin
(ulam ulamhan) ulam ulam iyer【ulam ulamhan】
yuroi yuroi
jiyan jiyan di 漸漸的

第四章 五體文音義對照舉例

372.
cun cun i
targii
sam sam iyer
bera bera
jiyan tsi 漸次

373.
isitala
dewar
kurtele
jetkuca
jy jy 直至

374.
otolo
yurgiwar
boltala
bul uca
jy ioi 至於

375.
bitele
yotrakla
baitala
tur uca
jeng dz'ai giyan 正在間

177

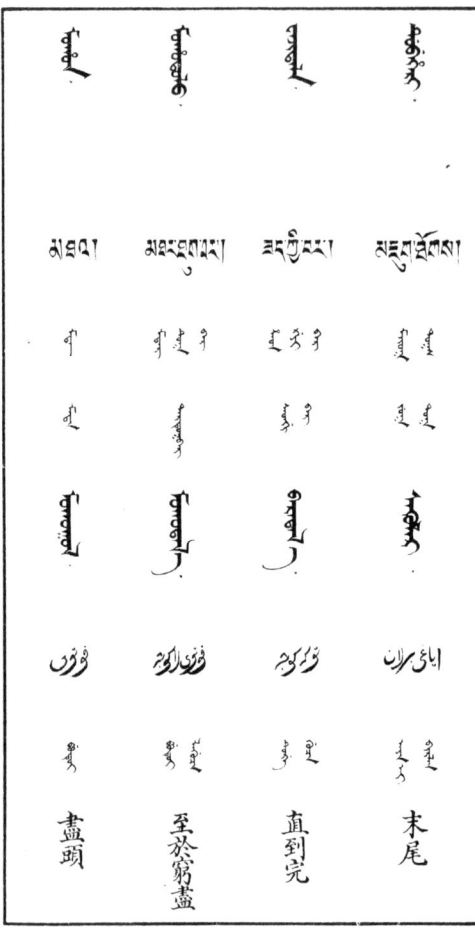

376.
mohon
mata
mohogol
putui
jin teo 盡頭

377.
mohotolo
tartukbar
mohotala
putui laguca
jy ioi kiong jin 至於窮盡

378.
wajitala
satgi bar
baratala
tug'a guca
jy dao wan 直到完

379.
dubeheri
juk tok
seguler
aya i birlan
mo wei 末尾

第四章 五體文音義對照舉例

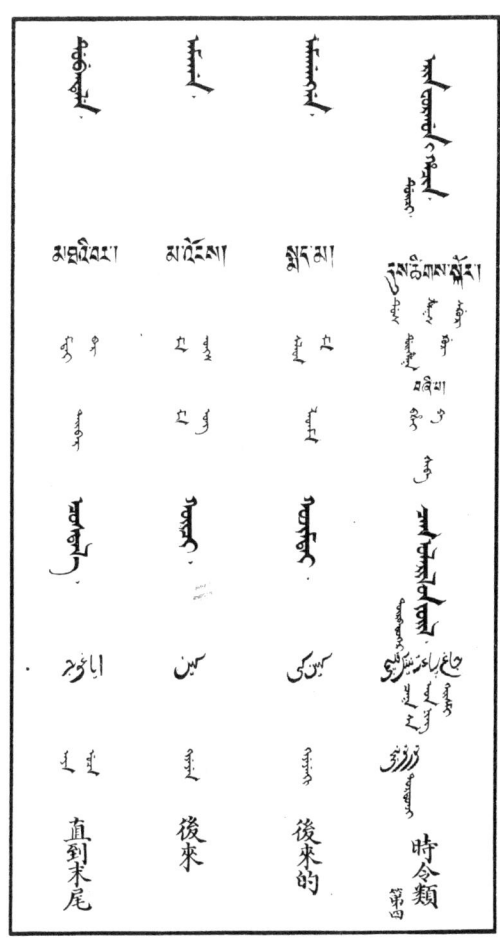

380.
dubentele
taibar
ecustele
aya uca
jy dao mo wei 直到末尾

381.
amaga
ma ong
hoici
kiyeyen
heo lai 後來

382.
amagangga
latma
hoimtai
kiyeyenki
後來的

時令類（四）

179

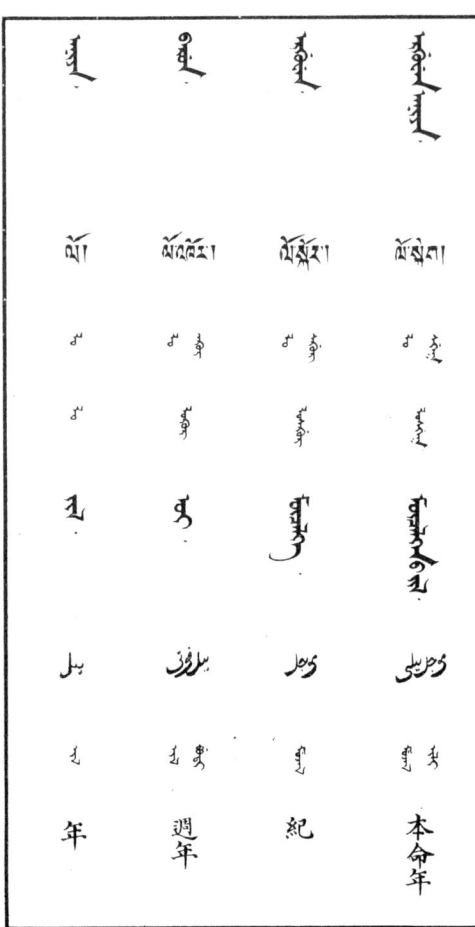

383.
aniya
lo
jil
il
niyan 年

384.
barun
lok'or
oi
il puti
jeo niyan 週年

385.
erguwen
losg'or
mucelge
mujal
gi 紀

386.
erguwen aniya
losgek
mucelgen【nu】① jil
mujal ili
ben ming niyan 本命年

---

① 五體增加部分。

第四章　五體文音義對照舉例

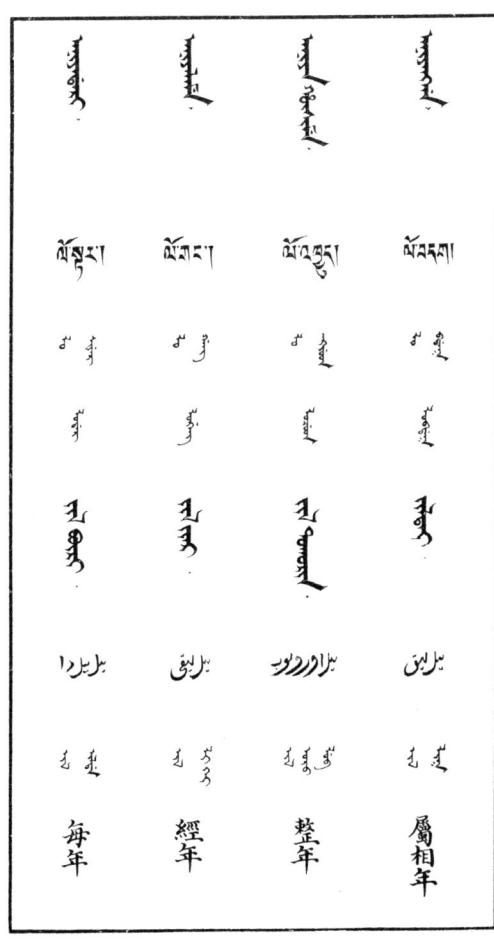

387.
aniyadari
lodar
jil buri
il ilda
mei niyan 每年

388.
aniyalame
log'ang
jil iyer
il li kei
ging niyan 經年

389.
aniya hūsime
locut
jil togorin
il oro lub
jeng niyan 整年

390.
aniyangga
lobdak
jiltai
il lik
šu siyang niyan 屬相年

181

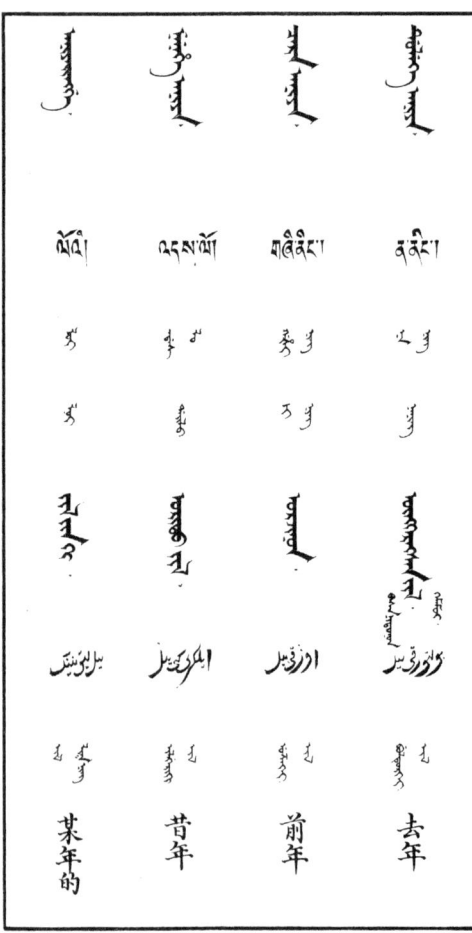

391.
aniyaingge
loi
(jiliyen ki) jil yen ki
il lik ning
meo niyan di 某年的

392.
nenehe aniya
dailo
uridu jil
ilg'ariki il
si niyan 昔年

393.
cara aniya
ži ning
urjinon
udzakei il
ciyan niyan 前年

394.
duleke aniya
naning
ūnggereksen jil【nidunon】
bulturkei il
kioi niyan 去年

第四章 五體文音義對照舉例

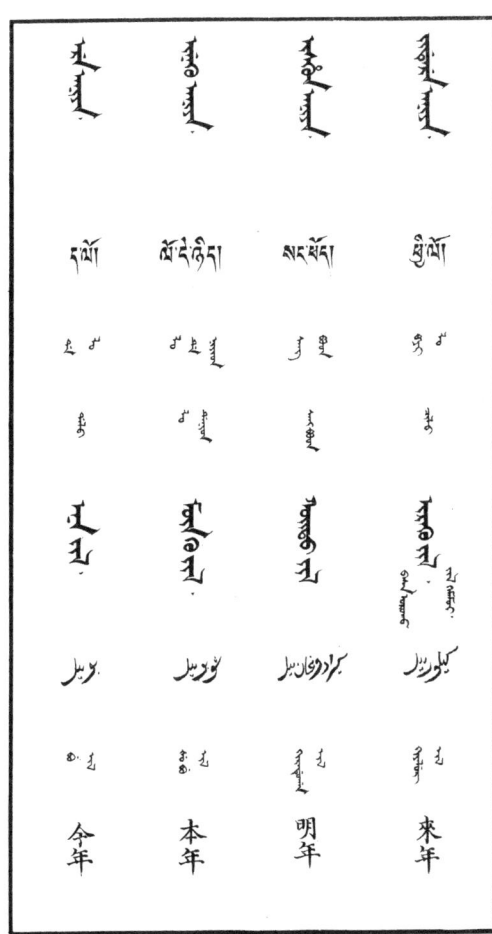

395.
ere aniya
dalo
ene jil
bu il
gin niyan 今年

396.
ineku aniya
lo denit
mun ku jil
šu bu il
ben niyan 本年

397.
ishun aniya
sangpot
hoitu jil
kiradugan il
ming niyan 明年

398.
jidere aniya
cilo
ireku jil【orohū jil】
kiyalur il
lai niyan 來年

183

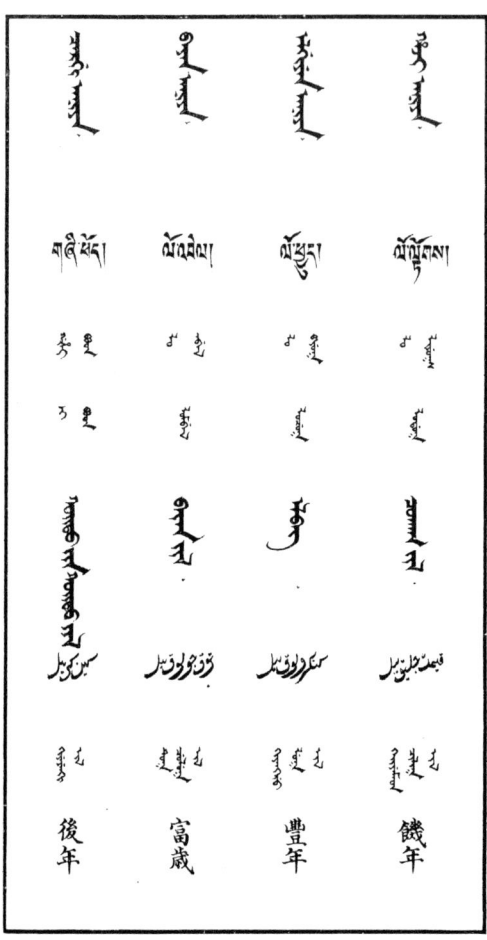

399.
cargi aniya
ži pot
hoitu yen hoitu jil
kiyeyenki il
heo niyan 後年

400.
bayan aniya
lombel
bayan jil
tuk culuk il
fu sui 富歲

401.
elgiyen aniya
locuk
elbek jil
kiyangru luk il
fung niyan 豐年

402.
haji aniya
lodok
cuhak jil
keiyemat cilik il
gi niyan 饑年

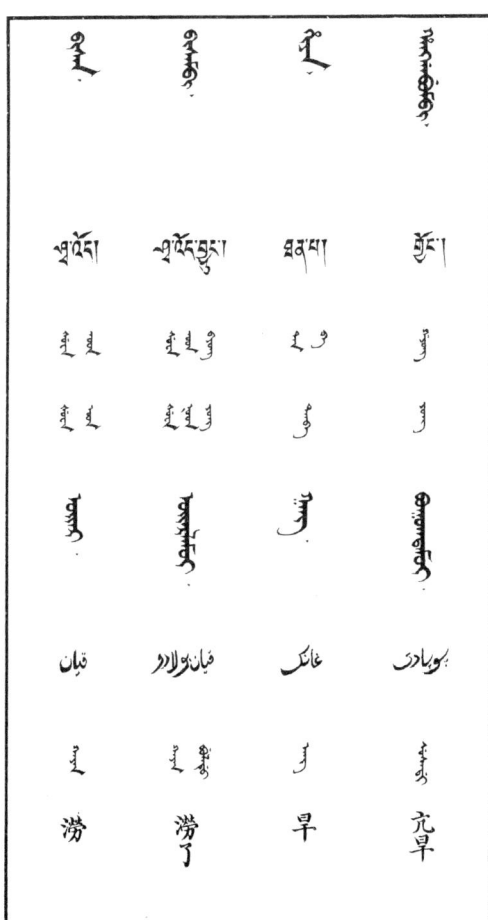

403.
bisan
šuwa ot
uyer
kayan
lao 澇

404.
bisambi
šuwa ot yong
uyerlemui
kayan buladu
lao liyao 澇了

405.
hiya
tanba
gang
ang
han 旱

406.
hanggabumbi
yong
bogokdamui
susadi
k'ang han 亢旱

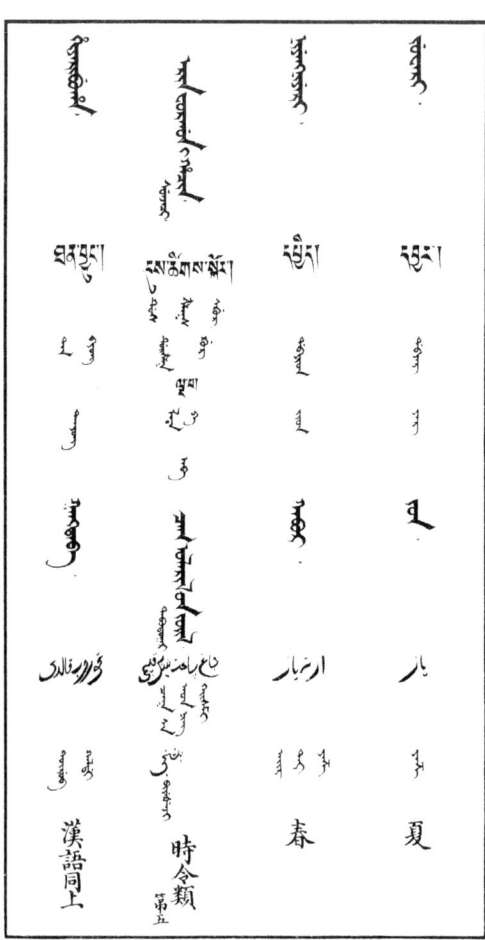

407.
hiyaribuha
tanyong
gangdaba
kūrub kaldi
漢語同上

時令類（五）
408.
niyengniyeri
jit
habur
air tai yadzi
cūn 春

409.
juwari
yar
jun
yadzi
hiya 夏

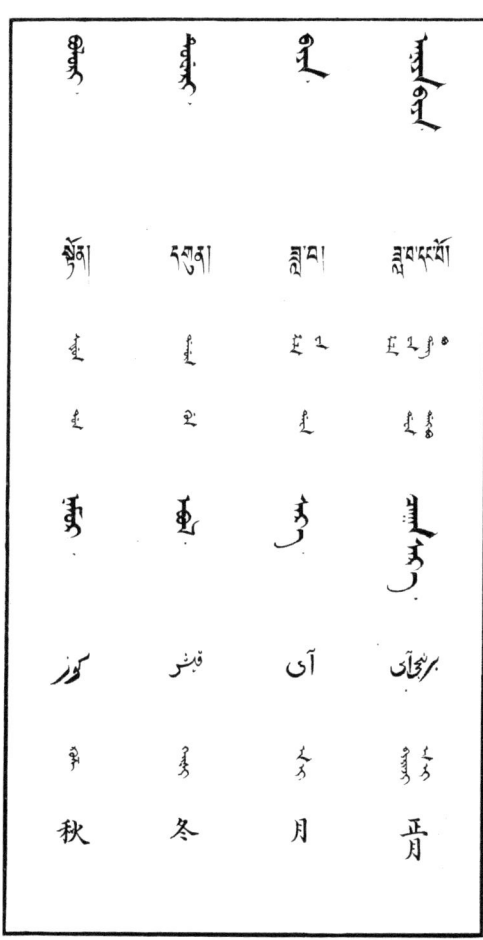

410.
bolori
don
namur
k'odzi
cio 秋

411.
tuweri
gun
ebul
keiši
dung 冬

412.
biya
dawa
sara
a i
yuwei 月

413.
aniya biya
dawa dangbo
cagan sara
birinji a i
jeng yuwei 正月

414.
omšon biya
dawa jujikba
arban nigen sara
on birinji a i
ši i yuwei 十一月

415.
jorgon biya
dawa juniba
arban hoyar sara
on ikinji a i
ši el yuwei 十二月

416.
biya amban
dawa ciye
sara ike
a i cung
yuwei da 月大

417.
biya osokon
dawa cung
sara baga
a i kicik
yuwei siyao 月小

418.
anagan i biya
šolda
ileguo sara
arduna a i
žun yuwei 閏月

419.
biyai icereme
ts'eig'o
sara yen sinet iyer
a i ning yangni si bila
yuwei cu 月初

420.
biyai manashūn
damjuk
sara yen hagūcit iyer
a i gonasi bila
yuwei jin 月盡

421.
biya manara isika
damjuk niye
sara hagūcirahū uderebe
a i kuna nar kudak buldi
yuwei jiyang jin 月將盡

422.
biyadari
da dar
sara buri
a i a ida
mei yuwei 每月

423.
biyalame
dag'ang
sara ber
a i lab
lui yuwei 累月

424.
biyaingge
dawai
sara yen ki
a i lik
meo yuwei di 某月的

425.
tusu biya
tunda
talatu sara
kamlašikan a i
hing giya yuwei 行嫁月

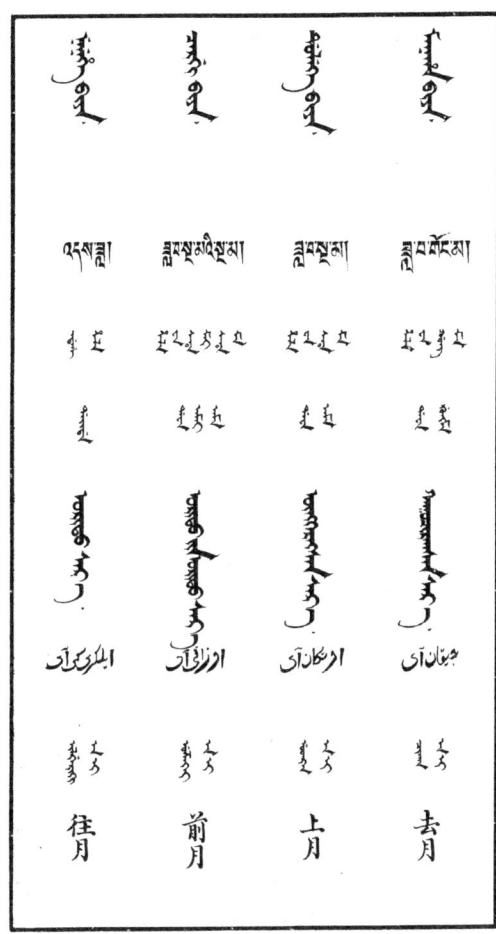

426.
nenehe biya
daida
uridu sara
ilgariki a i
wang yuwei 往月

427.
cargi biya
dawa amai am
uridu yen uridu sara
udzakei a i
ciyan yuwei 前月

428.
duleke biya
dawa ama
ūnggerekesen sara
utkan a i
šang yuwei 上月

429.
manaha biya
dawa gongma
hagūciraksan sara
cikan a i
kioi yuwei 去月

430.
ice biya
dacar
sine sara
yangni a i
sin yuwei 新月

431.
ere biya
dawa di
ene sara
bu a i
gin yuwei 今月

432.
ineku biya
dawa denit
mun ku sara
šu bu a i
ben yuwei 本月

433.
ishun biya
dawa dingma
hoitu sara【orohū sara】
kiyeyenki a i
hiya yuwei 下月

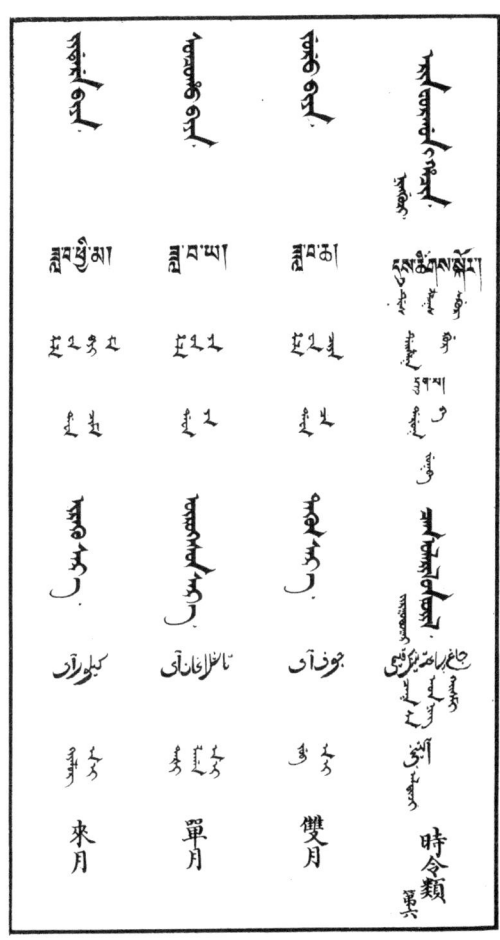

434.
jidere biya
dawa cima
ireku sara
kiyalur a i
lai yuwei 來月

435.
soncoho biya
dawa ya
ūrugesun sara
taši lagan a i
dan yuwei 單月

436.
juru biya
dawa ca
tegus sara
jub a i
šuwang yuwei 雙月

時令類（六）

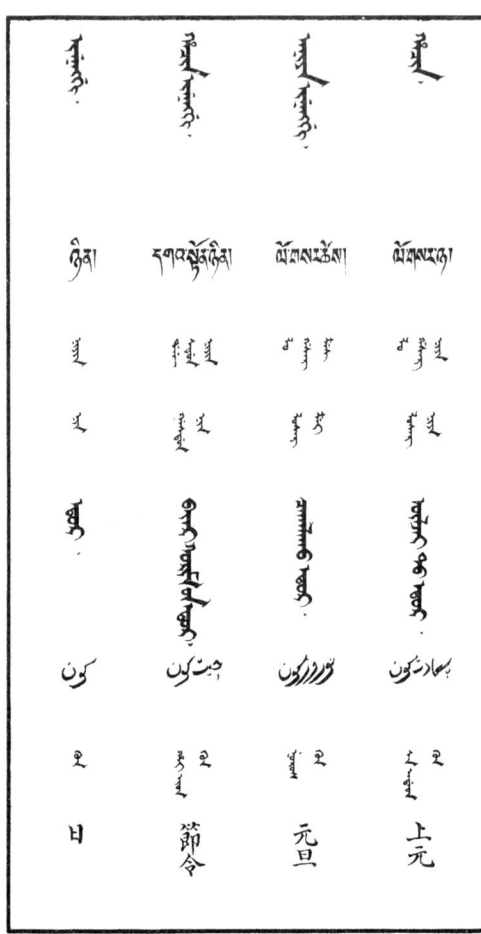

437.
inenggi
nin
edur
kun
ži 日

438.
hacin inenggi
gasdon nin
bayar hūrim un etur
hai it kun
節令

439.
aniya inenggi
losar ts'ei
cagalahū edur
noros kun
yuwan dan 元旦

440.
hacin
losar niya
ūljei tu edur
sa adat kun
šang yuwan 上元

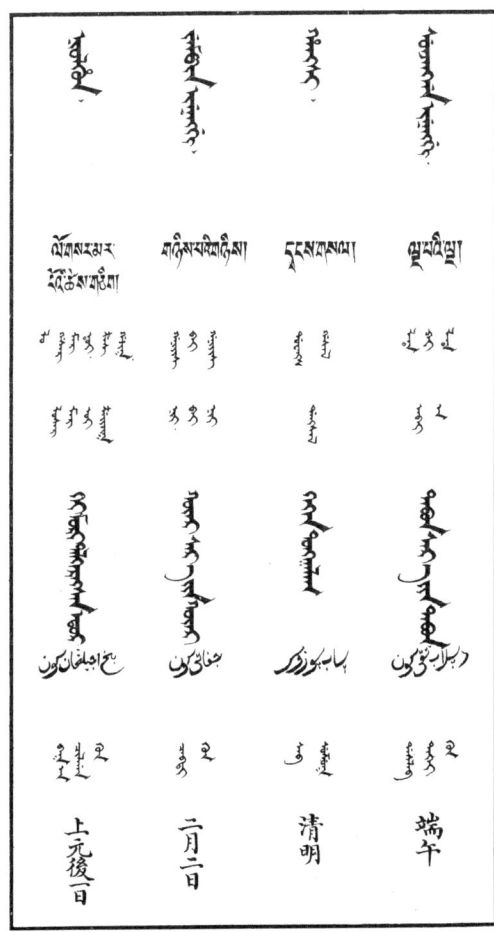

441.
niolhun
losar mar oi ts'eijik
kei mori delgereksen edur
bak a cilgan kun
šang yuwan heo i ži 上元後一日

442.
jempin inenggi
nii bai nii
hoyor sara yen hoyor
cabti kun
二月二日

443.
hangsi
dangsal
gegen tunggalak
sab sudzuk
cing ming 清明

444.
sunjangga inenggi
abai a
tabun sara yen tabun
daslab takei kun
端午

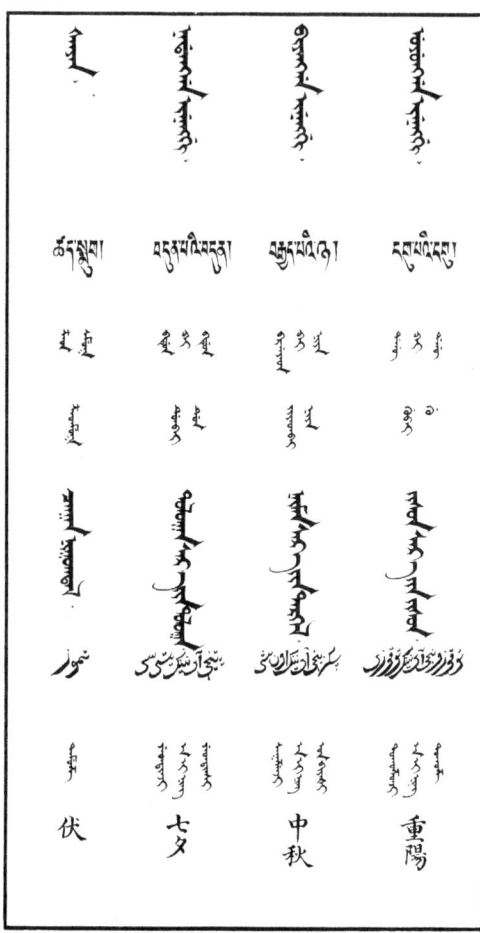

445.
šanyan
ts'atmuk
cakan nigūkdal
tamudzi
伏

446.
nadangga inenggi
dunbai dun
dologan sara yen dolokan
yettinji a i ning yettinsi
七夕

447.
biyangga inenggi
jiyatbai niya
naiman sara yen tarkel
sakdzenji a i ning on biyeši
中秋

448.
uyungga inenggi
gubai gu
isun sara yen isun
tokodzonji a i ning tokodzi
重陽

449.
jorgon inenggi
junibai jiyat
arban hoyor sara yen naima
on ikinji a i niyang sakji
臘八

450.
fe yamji
lomjuk namdong
hagūcin udesi【segulun bitegun】
il aya i
cu si 除夕

451.
abkai kesingge inenggi
namyang nin
tengri yen kesiktu sain edur
asman ning kešik lik kuni
天恩日

452.
abkai guwebuhen inenggi
namjam nin
tengri yen urelketu edur
asman ning ut k'an kuni
天赦日

453.
abkai buyecukengge inenggi
namgei nin
tenggeri yen tahalal tu edur
asman ning kung gul luk kuni
天願日

454.
ujire calungga inenggi
dergi nin
tejigeltu kuo sang edur
sang tinc'y turdugan kuni
母倉日

455.
biyai kesingge inenggi
dayang nin
sara yen kesiktu edur
a i ning kešik lik kuni
月恩日

456.
duin aisilangga inenggi
rok ži nin
durben ibegel edur
torta umak lik kuni
四相日

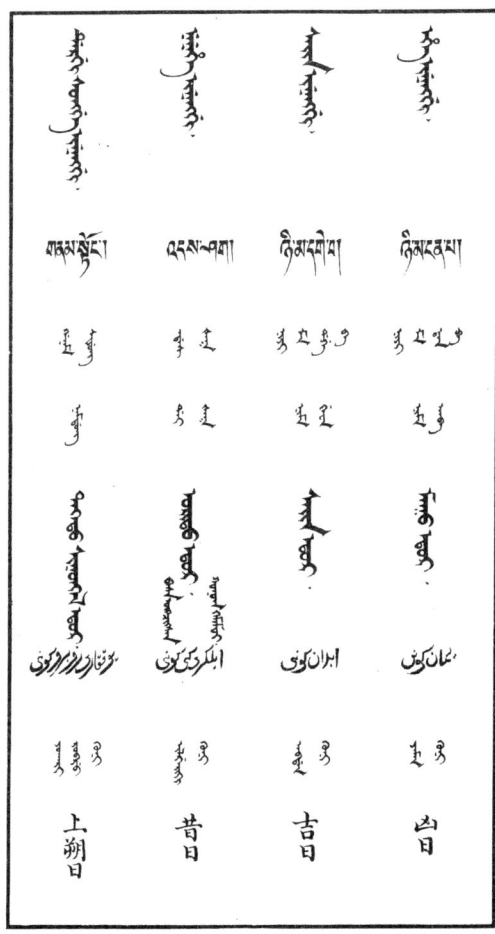

457.
dergi šongge inenggi
namdong
degedu sinetkel edur
yokari robru kuni
šang šo ži 上朔日

458.
nenehe ineggi
dai šak
uridu edur【ungciksen honok】
ilg'ariki kuni
si ži 昔日

459.
sain inenggi
nima gewa
sain edur
abdan kuni
gi ži 吉日

460.
ehe inenggi
nima anba
magū edur
yaman kuni
hiong ži 凶日

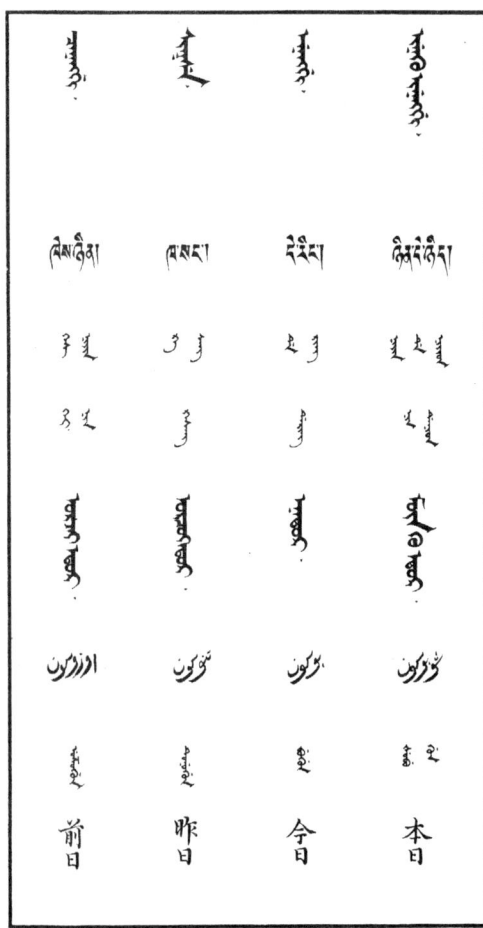

461.
cananggi
kei nin
urji edur
udzogun
ciyan ži 前日

462.
sikse
k'asang
ūcugedur
tunugun
dzo ži 昨日

463.
enenggi
dering
enedur
bugun
gin ži 今日

464.
ineku inenggi
ni denit
mun ku edur
šubu gun
ben ži 本日

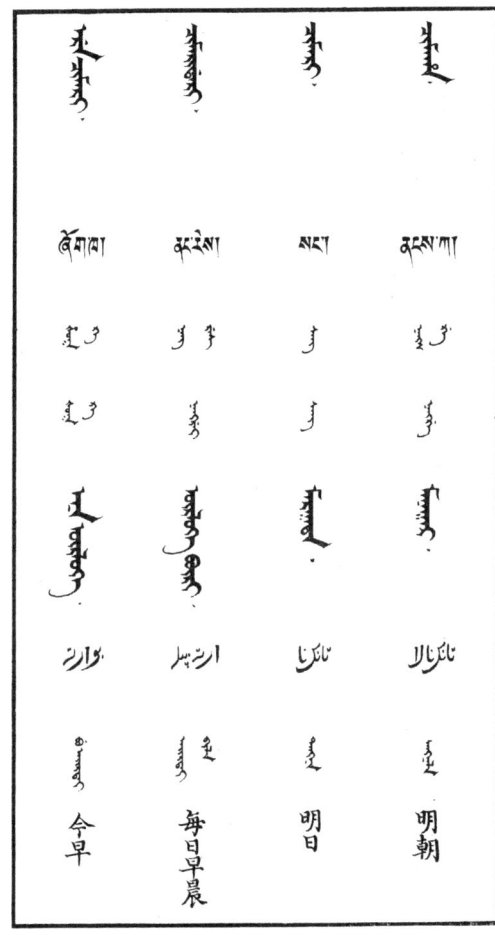

465.
ere cimari
šok k'a
ene ūrluge
bu airtai
gin dzao 今早

466.
cimaridari
nangrei
urluge buri
airtai bila
每日早晨

467.
cimari
sang
margata
tangna
ming ži 明日

468.
cimaha
nangg'a
managar
angnala
ming jao 明朝

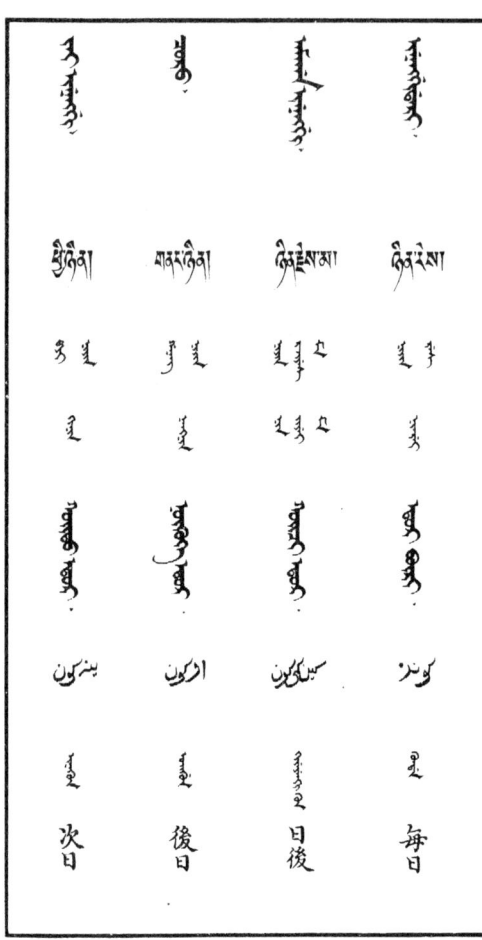

469.
jai inenggi
kinin
hoitu edur
inakun
tsi ži 次日

470.
coro
nangnin
nūguge edur
oigun
heo ži 後日

471.
amaga inenggi
nin jiyei ma
hoici edur
kiyeyenki kun
ži heo 日後

472.
inenggidari
ninrei
edur buri
kunda
mei ži 每日

時令類（七）

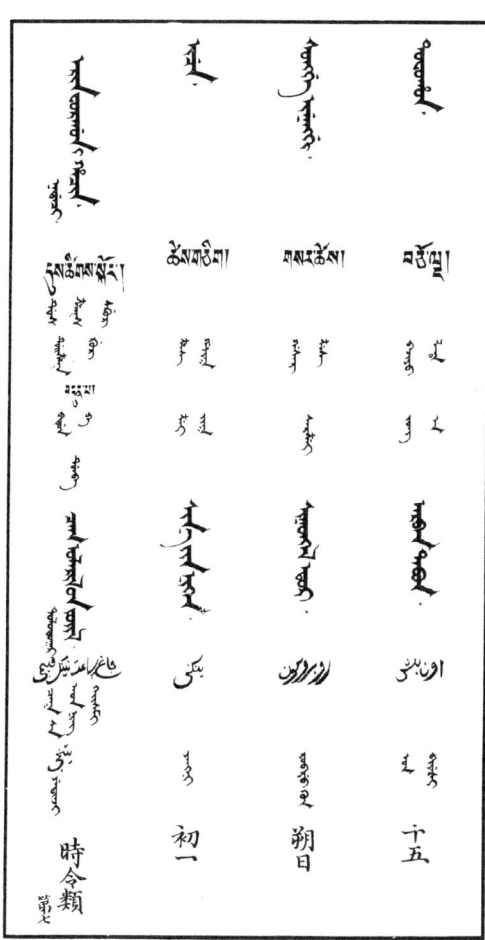

473.
ice
ts'ei jik
sine yen nigen
yangni
cu i 初一

474.
šongge inenggi
sarts'ei
sinetkel edur
robru kun
šo ži 朔日

475.
tofohon
jong a
arban tabun
on biyeši
ši u 十五

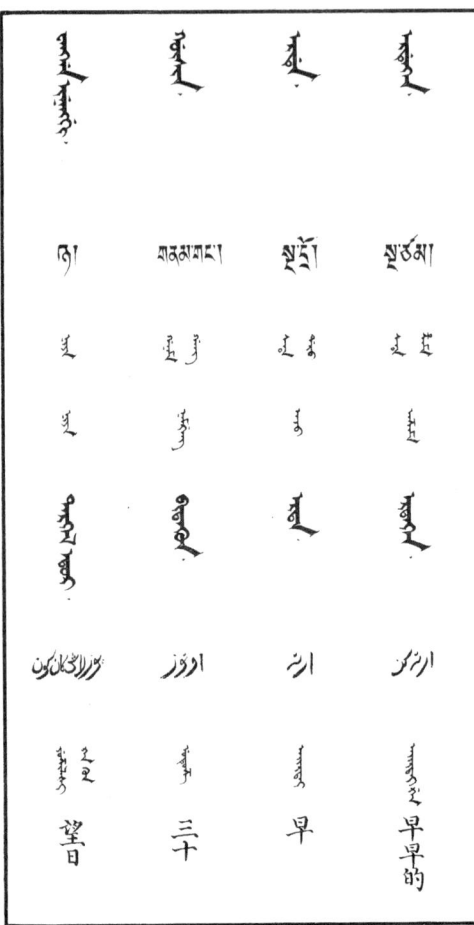

476.
wangga inenggi
niya
tergel edur
yudzilaši k'an kun
望日

477.
gūsin
namg'ang
bitegun
utudzi
san ši 三十

478.
erde
ajo
erte
airtai
dzao 早

479.
erdeken
adzam
erteken
airtai g'an
dzao dzao di 早早的

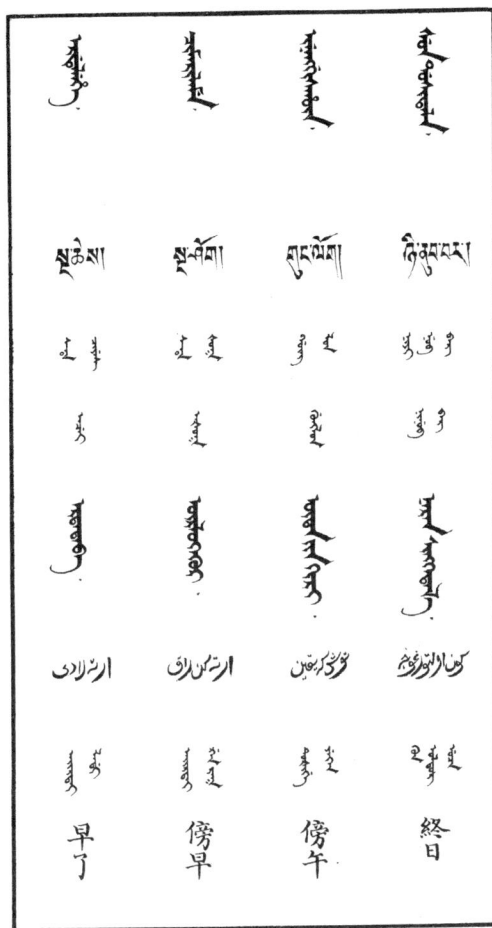

480.
erdelehe
acei
ertetebe
airtai ladi
早了

481.
cimarilame
ašok
ūrlugegur
airtai g'an rak
bang dzao 傍早

482.
inenggishūn
gunglon
uden yen kiri
tušige yeken
bang u 傍午

483.
šun dositala
ninub bar
naran (orotala) singgetele
 kun oltor uca
 jung ži 終日

484.
šuntuhuni
nima šutbar
naran orotala
kun pat uca
jeng ži 整日

485.
yamjishūn
ni g'ai
udesi yen kiri
k'ac'yg'a yeken
bang wan 傍晚

486.
yamjitala
sorot bar
udesi boltala
k'ac'y bul uca
jy jy wan 直至晚

487.
sikseri
martakcat
burui
k'ac'y kuron
jiyang wan 將晚

第四章　五體文音義對照舉例

488.
yamji
g'ongmo
udesi
k'ac'y
wan 晚

489.
yamjidari
g'ongrei
udesi buri
k'ac'yda
mei wan 每晚

490.
dobori
ts'amo
suni
k'aca
ye 夜

491.
dobori dulin
namgung
suni duli
tun yarmi
ye ban 夜半

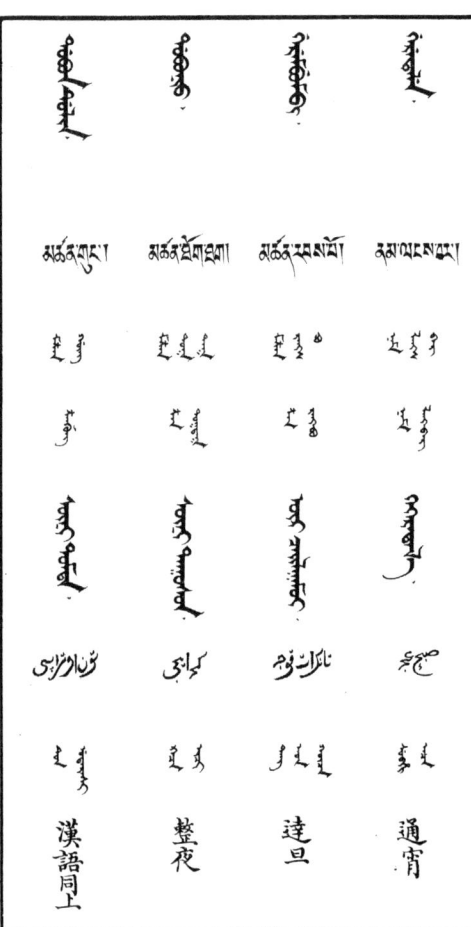

492.
dobon dulin
ts'angung
suni dumda
tun utarasi
漢語同上

493.
dobonio
ts'an toktak
suni dagūsun
k'aca ici
jeng ye 整夜

494.
gerembumbi
ts'an rangbo
or cailkamui
tang at kūca
達旦

495.
geretele
nam langbar
gegeretele
subhi aca
tung siyao 通宵

第四章　五體文音義對照舉例

時令類（八）

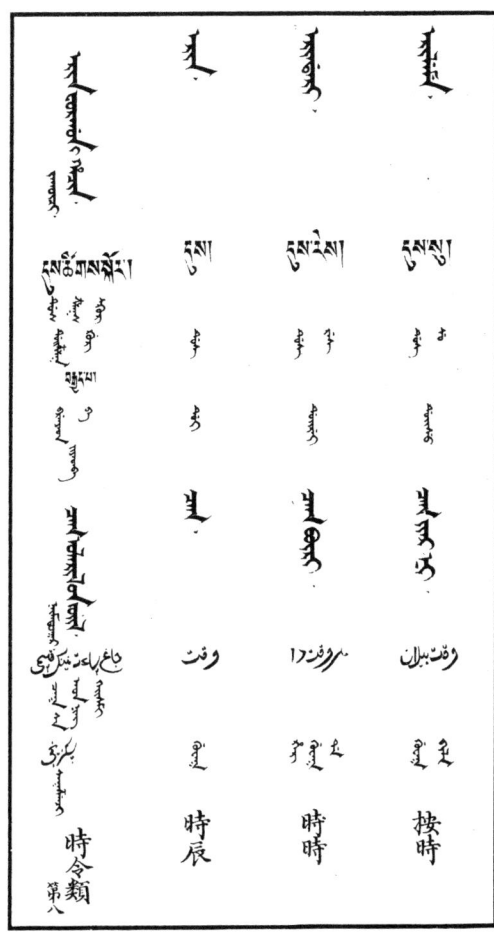

496.
erin
dui
cak
guwak
ši cen 時晨

497.
erindari
duirei
cak buri
h'ar guwak da
ši ši 時時

498.
erileme
duisu
cak iyer ni
guwak bila
an ši 按時

209

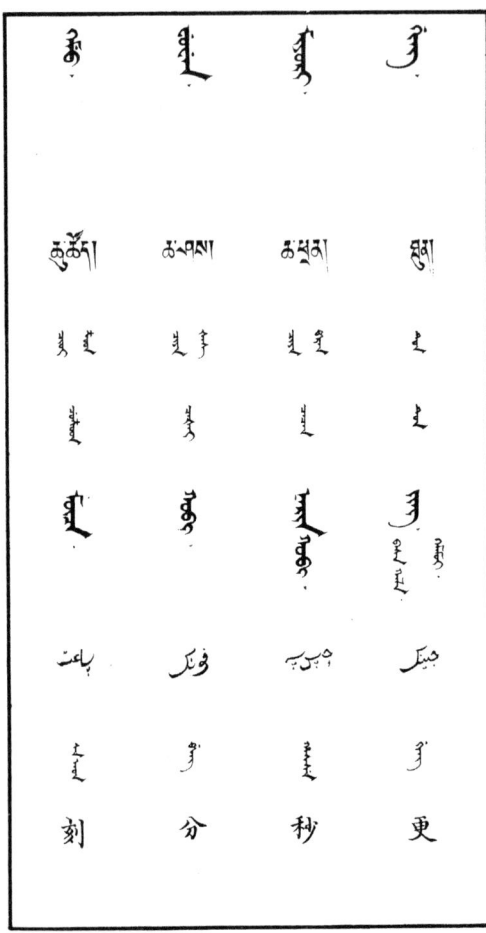

499.
kemu
cuts'ot
muce
sa at
ke 刻

500.
fuwen
cašai
hūbi
peng
fun 分

501.
miyori
cacan
narin kobi
hasse
秒

502.
ging
tun
jing【kala】
ging
geng 更

第四章　五體文音義對照舉例

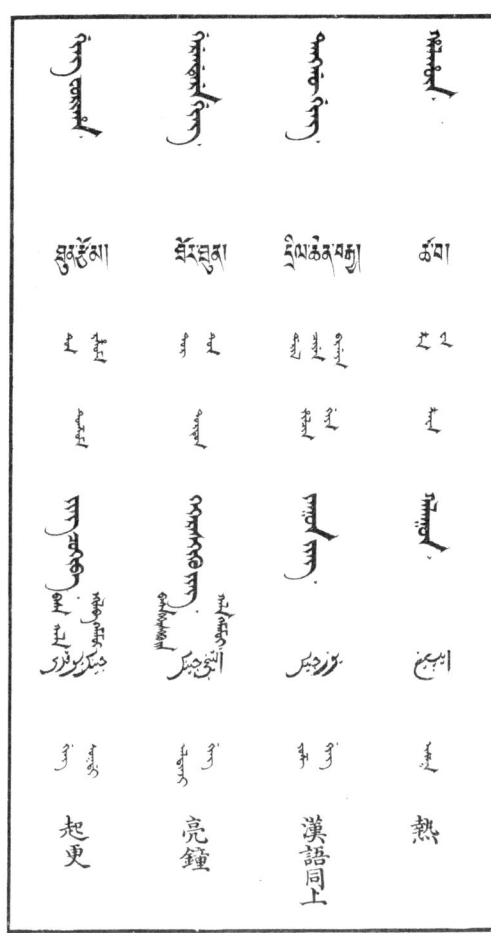

503.
ging foriha
tundzom
jing cokiba【kala ekilebe】
ging sokdi
ki geng　起更

504.
gerendere ging
tortun
gegereskiku (yen) jing【gegereskiku yen hala】
altinji ging
liyang jung　亮鐘

505.
tanggū ging
jylcin giya
jagūn jing
yodzi ging
漢語同上

506.
halhūn
ts'awa
halagūn
isyk
že　熱

211

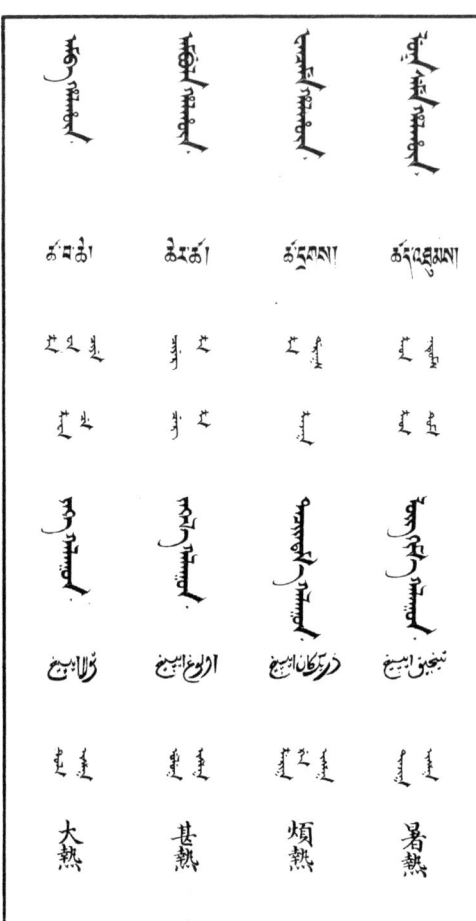

507.
amba halhūn
ts'awa ce
ike halagūn
tula isyk
da že 大熱

508.
ambula halhūn
cer ts'a
ikele halagūn
uluk isyk
šen že 甚熱

509.
fancame halhūn
ts'ajak
teciyadama halagūn
ts'erik g'an isyk
fan že 煩熱

510.
luk seme halhūn
ts'at tum
luk kima halagūn
tinjik isyk
šu že 暑熱

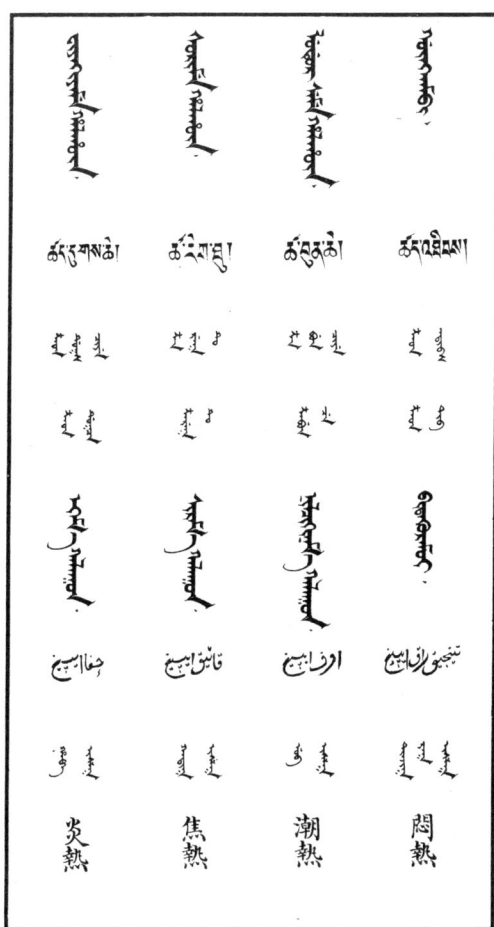

511.
fiyakiyame halhūn
ts'at dukca
egeme halagūn
hapa isyk
yan že 炎熱

512.
šorime halhūn
ts'arek tu
sirama halagūn
katik isyk
jiyao že 焦熱

513.
ludur seme halhūn
ts'abun ce
nilcigineme halagūn
ub isyk
cao re 潮熱

514.
gūngkambi
ts'at tib
biteguremui
tinjik rak isyk
mun že 悶熱

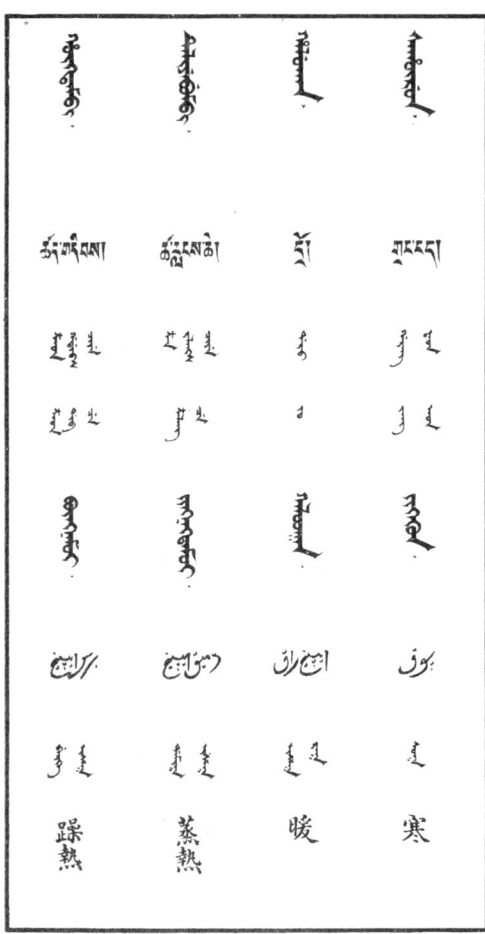

515.
hūktambi
ts'at dib ce
bungnemui
berke isyk
dzao že 躁熱

516.
teliyebumbi
ts'lang ce
jingnekdemui
damik isyk
jeng že 蒸熱

517.
halukan
jo
haloohan
isyk rak
nuwan 暖

518.
šahūrun
jang at
jikegun
sok
han 寒

519.
niome šahūrun
jangsuk ce
jinggineme jikegun
ustah'an a utk'an sok
ce gu han 徹骨寒

520.
serguwen
sil
serigun
soron
liyang kuwai 涼快

521.
seruken
jung sil
seriguken
soron rak
liyang šuwang 涼爽

522.
singkeyen
sil at ce
cimkegun
sok kana
yen liyang 陰涼

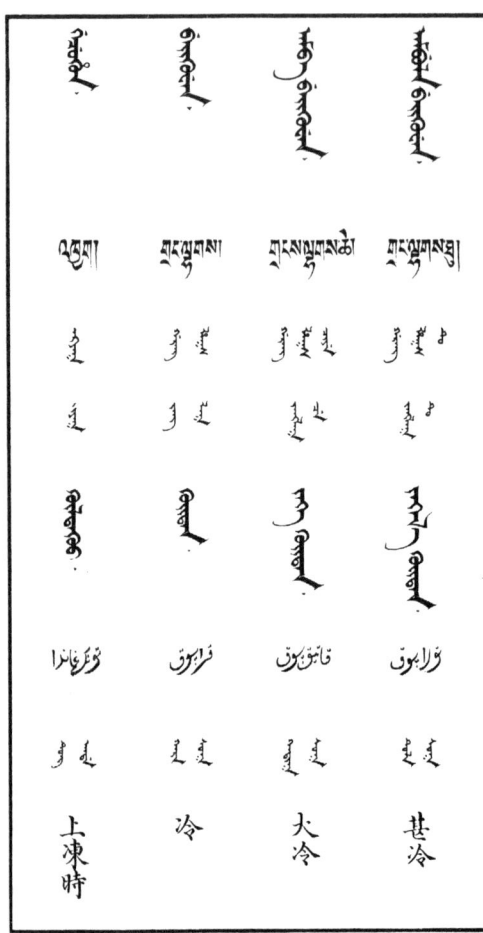

523.
gecuhun
kiyak
kuldeguo
tung anda
šang dung ši 上凍時

524.
beikuwen
jang lak
kuiten
kara sok
leng 冷

525.
amba beikuwen
janglak ce
ike kuiten
katik sok
da leng 大冷

526.
ambula beikuwen
janglak tu
ikele kuiten
tula sok
šen leng 甚冷

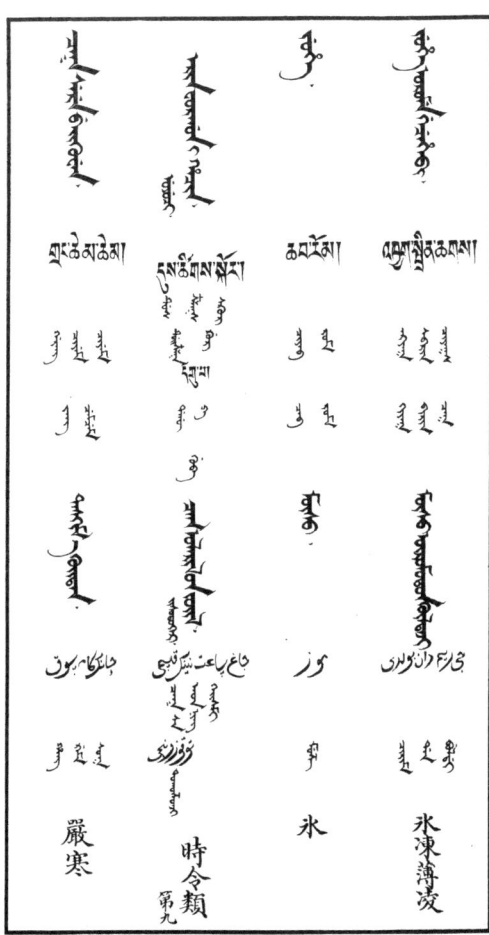

527.
cak sere beikuwen
jang cemcem
taskima kuiten
hang g'am sok
yan han 嚴寒

時令類（九）

528.
juhe
cab rom
mūsu
mudzi
bing 冰

529.
juhe orome gecehebi
kiyak birin cak
mūsu ūrumutun kuldeji
cirim dan buldi
bing dung bo ling 冰凍薄凌

530.
gecembi
kiyakba kiyak
kuldemui
tung laidu
dung 凍

531.
juhenembi
kiyaksin
mūsutumui
mudzi laidu
ceng bing 成氷

532.
carcinahabi
cak jang
carcalduji
mudzi keir ak ladi
bing dung ceng lioi 氷凍成縷

533.
golonohobi
cak jamdzung
hacarlaji
mudzi ilmadi
jung lio wei dung 中流未凍

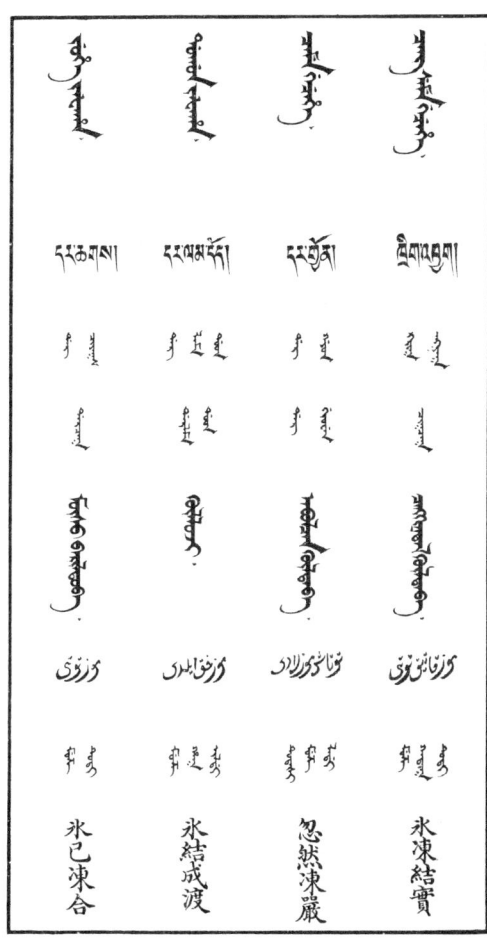

534.
juhe jafaha
darcak
mūsu barilduba
mudzi tuti
bing i dung he 冰已凍合

535.
dogon jafaha
darlam dot
kulluji
mudzi hak ildi
bing giyei ceng du 冰結成渡

536.
came gecehe
dar giowen
abulcan kuldebe
tutaši mudzi ladi
hū šan dung yan 忽然凍嚴

537.
cang seme gecehe
cikcak
cangginatala kuldebe
mudzi katik tuti
bing dung giyei ši 冰凍結實

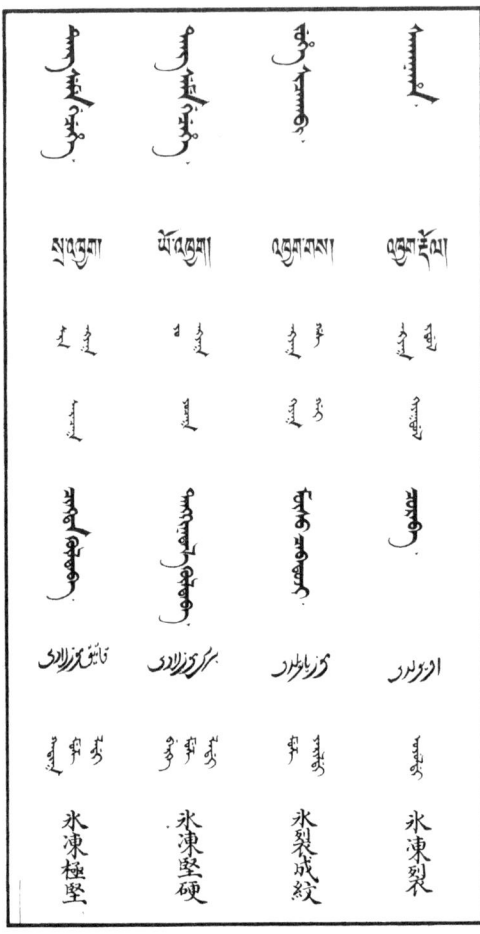

538.
teng seme gecehe
saracak
cingda kuldebe
katik mudzi ladi
bing dung gi giyan 冰凍極堅

539.
tang seme gecehe
yocak
tangginatala kuldebe
berke mudzi ladi
bing dung giyan ing 冰凍堅硬

540.
juhe sicakabi
kiyak gai
mūsu cabatuji
mudzi yarildi
bing liyei ceng wen 冰裂成紋

541.
šakanaha
kiyakdol
coraba
oyuldi
bing dung liyei 冰凍裂

542.
akame gecehe
kiyakrub
dagamjiran kuldebe
astar din mudzi ladi
bing liyei dao di 冰裂到底

543.
juhe dukdurekebi
kiyakba cut
mūsu dukduiji
mudzi or ladi
bing dung g'u ki 冰凍鼓起

544.
molonombi
kiyak g'ang dot
(nirugūdumui) mūsu dalanglamui
mudzi keir ladi
bing dung ceng g'ang 冰凍成岡

545.
akiyame gecehe
kiyak ding ts'uk
agiran kuldebe
mudzi oyodi
bing dung dao di 冰凍到底

546.
juhe akiyahabi
kiyaktu
mūsu agiji
mudzi airib kūrudi
bing siowei i g'an 冰雪已澌

547.
honggonome gecehe
kiyakral cak
honggorcoklan kuldebe
mudzi k'amdi
bing dung ceng ling 冰凍成凌

548.
borinahabi
kiyak šun
daktuji
mudzi kaiyerak kaiyerak buldi
　　man lio ji dung 漫流積凍

549.
šuyen
kiyak dong
colgon
k'ac'y kul
bing ku lung 冰窟窿

550.
juhe sulhumbi
kiyak sob
mūsu nemeguremui
mudzi argidzi buldi
bing su 冰酥

551.
calcin
cab sob
haliya
cal cik
yan ling šui 淹凌水

552.
sirdan juhe
kiyakso
sojoga mūsu
mudzi tušiti
bing hūwa ceng ling 冰化成凌

553.
seterinehebi
kayak mik
seterejegeji
mudzi tašildi
bing hūwa sui kung 冰化碎孔

554.
juhe fusejehe
kayak ding
mūsu cumurebe
mudzi oyoldi
bing i su teo 冰已酥透

555.
sohin eyembi
silima yuk
sung urusumui
šurmak akadu
lio sy 流澌

556.
juhe hujurembi
jangjuk
mūsu tegermedemui
tung akadu
bing ling siyang cu 冰凌相觸

557.
saksan juhe
kayak rab
dardagar mūsu
mudzi org'asi landi
bing ling ning jioi 冰凌凝聚

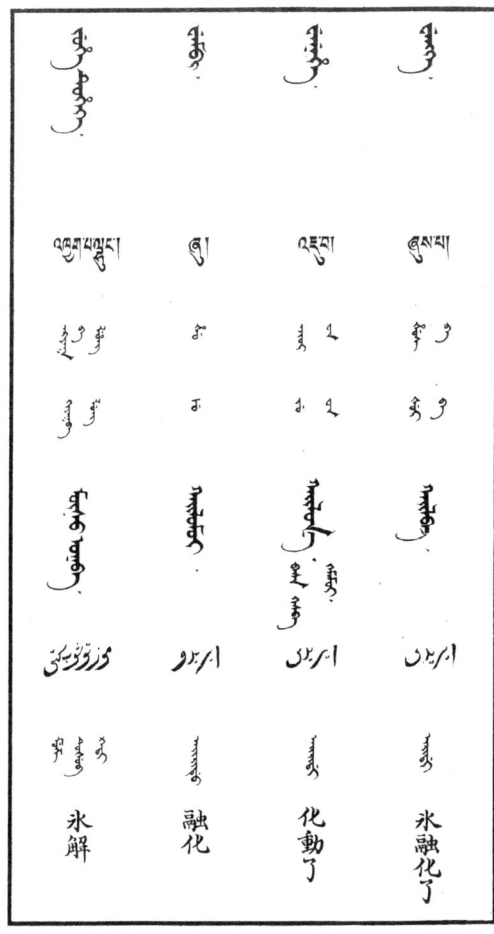

558.
juhe tuheke
kiyakba lung
mūsu unaba
mudzi tušub k'ati
bing giyei 冰解

559.
wembi
žu
hailumui
airidu
yung hūwa 融化

560.
wenehe
ju wa
gesube
airidi
hūwa dung liyao 化動了

561.
wengke
šui ba
hailba
iridi
bing yung hūwa liyao 冰融化了

562.
mukenembi
šui sin
usutumui
airib subuldi
hūwa ceng šui 化成水

563.
galju
jet
halgūga
eil tang yer
bing hūwa cu 氷滑處

564.
niyekseke
k'ašun
uyatba
calpuk buldi
fu miyan wei hūwa 浮面微化

565.
niyemperehe
birišun
uyasba
ta il mucuk
漢語同上

第四章　五體文音義對照舉例

566.
batun
diršun
coo
tung kutaril madi
di wei hūwa teo 地未化透

567.
nilhūn
jetba
gūlgūriga
ta il ak
hūwa 滑

568.
nilgiyan
jiyam yuk
giluger
sylik
guwang hūwa 光滑

569.
nilhūdambi
jetgin
gūlgūrimui
syr ladu
hūwa tsi 滑跐

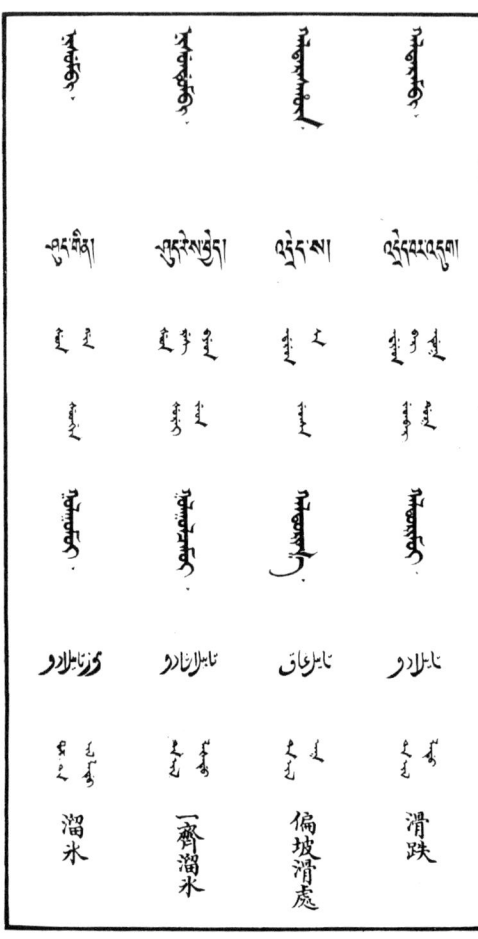

570.
nisumbi
šutgin
gūlgūmui
mudzi ta
lio bing 溜冰

571.
nisundumbi
šurei yet
gūlgūlcamui
ta il lašadu
i ci lio bing 一齊溜冰

572.
kaltarashūn
jetsa
halturiga
ta il ak
piyan po hūwa cu 偏坡滑處

573.
kaltarambi
jetbar duk
halturimui
ta il ladu
hūwa diyei 滑跌

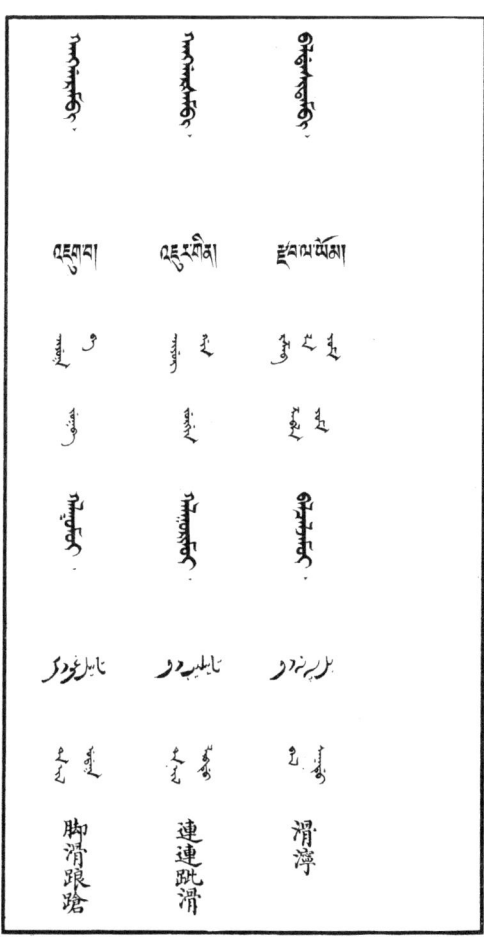

574.
kanggarambi
jukba
halgūmui
ta il udak
giyo hūwa lang ciyang 腳滑踉蹌

575.
kanggaršambi
jurgin
halgūrimui
ta il libdu
liyan liyan tsi hūwa 連連趾滑

576.
baldasitambi
dzabla yom
balcaljamui
bal sanadu
hūwa ning 滑濘

第五章　詞語分析舉例

"清文鑑"從一體到五體，各體的收詞範圍、釋義、分類格局各有特點。因此，在實際應用時需根據具體問題，綜合考查、運用。試舉數例如下：

第一節　有關"茶"的記載

"茶"滿文作"ᠴᠠᡳ"，轉寫為"cai"。在類目劃分中，康熙朝《御製清文鑑》將"cai-茶"歸入"jetere jaka i šošohon-食物部"的"nure cai hacin-茶酒類"，乾隆朝《御製增訂清文鑑》（滿、漢兩體）、《御製滿珠蒙古漢字三合切音清文鑑》（滿、蒙、漢三體），直至《御製五體清文鑑》（滿、藏、蒙、維、漢五體）均沿用此分類。雖然稱作"茶酒類"，但在康熙朝《御製清文鑑》中即已包括有酒、茶、奶和酸水等飲品。其中"cai-茶"，經過對比，在詞目的數量上發生了明顯的變化，由康熙朝的1條到乾隆末年的6條，新增比例高達6倍。仔細分析新增詞目的來源，發現新增的5條"genggiyen cai-清茶"、"kara cai-黑茶"、"sun i cai-奶茶"、"malanggū cai-芝麻茶"、"ufa cai-麵茶"早已存在於康熙朝《御製清文鑑》那唯一的一條"cai-茶"的釋義部分中，在乾隆朝《御製增訂清文鑑》被單獨列為詞條，加以解釋。詳細內容如下：

康熙朝《御製清文鑑》食物部／茶酒類

原文：

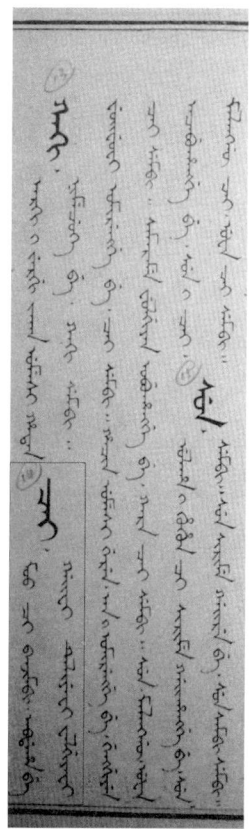

轉寫：

cai——moo ci banjimbi. abdaha be gaifi teliyefi walgiyafi fuifufi omirengge be, cai sembi. hacin umesi geren, an i omirengge be, genggiyen cai sembi. samarame fulgiyan obuhangge be, kara cai sembi. sun, malanggū, ufa acabuhangge be, sun i cai, malanggū cai, ufa cai sembi.

漢譯文：

茶——生長於樹上。將葉子收取，經過蒸、曬、煮之後飲用者為茶。種類很多，常用者為清茶；煮成紅色的叫黑茶；與奶、芝麻、麵調和而成的為奶茶、芝麻茶、麵茶。

乾隆朝《御製增訂清文鑑》（卷二十七，頁三十五）

"cai- 茶"——moo ci banjimbi. abdaha be gaifi teliyefi walgiyafi fuifufi omirengge be, cai sembi. hacin umesi labdu. 生長於樹上。將葉子收取，經過蒸、曬、煮之後飲用，種類很多。

"genggiyen cai- 清茶"——an i omirengge be, genggiyen cai sembi. 通常飲用者為清茶。

"kara cai- 黑茶"——samarame fulgiyan obuhangge be, kara cai sembi. 煮成紅色者為黑茶。

"sun i cai- 奶茶"——sun i obuhangge be sun i cai sembi. 用奶做成者為奶茶。

"malanggū cai- 芝麻茶"——malanggū misun i acabuhangge be, malanggū cai sembi. 以芝麻醬調和而成者為芝麻茶。

"ufa cai- 麵茶"——ufa i acabuhangge be ufa cai sembi. 以麵調和而成者為麵茶。

一、相關詞目

與"茶"相關的詞，在其他類目中也有出現，各體"清文鑑"略有不同，列表如下：

第五章　詞語分析舉例

所在部類	相關詞目	《御製清文鑑》	《御製增訂清文鑑》①	《御製滿珠蒙古漢字三合切音清文鑑》②	《御製五體清文鑑》③
食物部-茶酒類	茶	cai	cai 茶	cai cai ca　茶	cai jiya cai cai 茶
	清茶		genggiyen cai 清茶	genggiyen cai tunggalak cai cing ca　清茶	genggiyen cai jiya dang tunggalak cai g'ok cai 清茶
	黑茶		kara cai 黑茶	kara cai hara cai he ca　黑茶	kara cai jiya nak hara cai kara cai 黑茶
	奶茶		sun i cai 奶茶	sun i cai sutei cai nai ca　奶茶	sun i cai o jiya sutei cai sut luk cai 奶茶
	芝麻茶		malanggū cai 芝麻茶	malanggū cai magalinggū cai jy ma ca 芝麻茶	malanggū cai dil jiya magalinggū cai gunjut cai 芝麻茶

---

① 詞序爲滿文、漢文。
② 詞序爲滿文、蒙古文、漢文，均依照滿文注音轉寫。
③ 詞序爲滿文、藏文、蒙古文、維文、漢文，前四種均依照滿文注音轉寫。

233

续表

所在部類	相關詞目	《御製清文鑑》	《御製增訂清文鑑》	《御製滿珠蒙古漢字三合切音清文鑑》	《御製五體清文鑑》
	麵茶		ufa cai 麵茶	ufa cai gūlirtu cai miyan ca 麵茶	ufa cai jiya tang gūlirtu cai yuman lik cai 麵茶
	茶滷		caida 茶滷		caida deb jiya cai yen idege cai ning koigei 茶滷
	麵茶清		mukeri 麵茶清		mukeri jiyatang lamo usurhak suyuk cai 麵茶清
	冷熱茶相對		saringgiyambi 冷熱茶相對		saringgiyambi ts'ayang serei selgumui tangšaidu 冷熱茶相對
	茶湯		šatan ufa cai 茶湯		šatan ufa cai g'ara jiya amtatu jotang talcan cai 茶湯
食物部 - 煮煎類	揚茶	samarambi	samarambi 揚茶	samarambi samurumui yang ca 揚茶	samarambi jiya ciyar samurumui soruidu 揚茶

续表

所在部類	相關詞目	《御製清文鑑》	《御製增訂清文鑑》	《御製滿珠蒙古漢字三合切音清文鑑》	《御製五體清文鑑》
	使揚茶	samarabum	samarabum 使揚茶	samarabumbi samurgamui ši yang ca 使揚茶	samarabumbi jiya ciyar jiyuk samurgamui sorutadu 使揚茶
	揚茶水		tukiyecembi 揚茶水	tukiyecembi jamurumui yang ca šui 揚茶水	tukiyecembi ciyar jiyet jamurumui kutarib soruidu 揚茶水
器皿部-器用類	茶酒壺	tampin	tampin 茶酒壺	tampin hūbing ca jio hū 茶酒壺	tampin diri hūbing cogun 茶酒壺
	茶盤		cai taili 茶盤		cai taili jiyai dzaun not cai toshogor cai honca 茶盤
	茶桶		dongmo 茶桶	dongmo domo ca tung 茶桶	dongmo dung mo domo sogei cak 茶桶

续表

所在部類	相關詞目	《御製清文鑑》	《御製增訂清文鑑》	《御製滿珠蒙古漢字三合切音清文鑑》	《御製五體清文鑑》
	茶紙簍	saksu	saksu 茶紙簍	saksu saksu ca jy leo 茶紙簍	saksu sebo saksu kamuši sobat 茶紙簍①
樹木部-樹木類	野茶	bigan i cai	bigan i cai 野茶	bigan i cai kegere yen cai ye ca 野茶	bigan i cai jiya got kegere yen cai yaba cai 野茶
	山茶	turi cai	turi cai 山茶	turi cai burcak cai šan ca 山茶	turi cai saran jiya burcak cai porcak cai 山茶

二、解析②

第一組：茶、清茶、黑茶③。本組的三個詞是滿文中關於茶的核心詞和兩種重要的與茶的本意相關的詞。從釋義內容看，"茶的種類很多"，但不涉及茶葉的種類。

---

① 《御制五體清文鑑》器皿部，器用類第八。滿文 saksu 一詞另用於產業部一，農器類，藏文、蒙古文不變，漢文爲"荆囤"，維文爲"subat bardang"。

② 上表列出的四種文本中，只有康熙朝《御制清文鑑》與乾隆朝《御制增訂清文鑑》有釋義，全部爲滿文。在此譯出，以饗讀者。

③ 康熙朝《御制清文鑑》食物部/茶酒類；乾隆朝《御制增訂清文鑑》食物部/茶酒類，卷二十七，頁三十五。轉寫、釋義見第一部分。

第二組：奶茶、芝麻茶、麵茶、茶湯①。這組詞中"cai"泛指飲品，特別是後三種，在制作過程並未用到茶葉。從它們在官修詞典中所列位置看，均為滿族重要飲品。

"šatan ufa cai- 茶湯"——je bele be ufafi šatan ucufi fuyere muke i hungkerefi ukiyerengge be, šatan ufa cai sembi. 將穀米研磨後拌上白砂糖，再用沸水澆入，而後飲用，此乃"茶湯"。

第三組：茶鹵、麵茶清、冷熱茶相對②。三詞均與調制茶水相關的專用詞。

"caida- 茶鹵"——cai abdaha be fuyehe muke i tumikan i ebeniyefi（泡）cai acabure de baitalarangge be, caida sembi. 將茶葉用沸水泡成略濃狀、待調茶時使用者為"茶鹵"。

"mukeri- 麵茶清"——acabuha ufa cai tumin akū genggiyen ningge be, mukeri sembi. 調成麵茶不濃且清稀者曰"麵茶清"。

"saringgiyambi- 冷熱茶相對"——halhūn šahūrun cai be emu bade acabure be, saringgiyambi sembi. 將熱茶、冷茶匯入一處，即為"冷熱茶相對"。

第四組：揚茶、使揚茶、揚茶水③。這一組三個動詞均與煮茶相關。其中第二詞是第一詞的使動態形式。將動詞的變體列為獨立詞條，在清代滿文詞典中常有出現，顯示出當時的語法認識。

"samarambi- 揚茶"——cai fuyehe manggi fulgiyan obume tukiyecere be, samarambi sembi. 茶水翻滾後反複揚茶水使呈紅色為"揚茶"。

"samarabumbi- 使揚茶"——niyalma de hendunfi tukiyecere be, samarabumbi sembi. 叫別人揚茶水曰"使揚茶"。

---

① 康熙朝《御製清文鑑》食物部/茶酒類；乾隆朝《御製增訂清文鑑》食物部/茶酒類，卷二十七，頁三十五、三十六。前三詞轉寫釋義見第一部分。
② 同上，頁三十五、三十六。
③ 《御製清文鑑》食物部，煮煎類；《御製增訂清文鑑》食物部，煮煎類，卷二十八，頁十。

"tukiyecembi- 揚茶水"——fuifuha cai muke i jergi jaka be, samarara be tukiyecembi sembi. 將沸騰的茶水等物揚起曰"揚茶水"。

第五組：茶酒壺、茶盤、茶桶、茶紙簍①。各種茶具。

"tampin- 茶酒壺"——nure cai i jergi omire jaka be tebure tetun be, tangmpin sembi. 裝盛酒、茶等飲品的器皿為"茶酒壺"。

"cai taili- 茶盤"——fan i adali ajige arafi cai moro hūntahan alirangge be cai taili sembi. 做成盆狀，較小，承放茶碗、杯者為"茶盤"。

"dongmo- 茶桶"——aisin menggun toholon i jergi jaka be emu jušuru funceme sihan i gese tūfi okci fere mudangga angga sindafi, cai teburengge be, dongmo sembi. 將金、銀、錫等物打成一尺余桶狀，放上蓋、底、彎嘴，盛茶者為"茶桶"。

"saksu- 茶紙簍"——cai, hoošan i jergi jaka be tebure cuse moo i šoro be, (geli saihūwa i araha bele jeku teburengge be, inu)② saksu sembi. 裝茶、紙等物竹木質筐子（又，亦有用荊條制作盛米谷者）為"茶紙簍"。

其中"tampin"另可用於"kemu tampin tuwara hafan- 挈壺正"（欽天監官職）；"kemu i tampin- 漏壺"、"inenggi abkai tampin- 日天壺"、"dobori abkai tampin- 夜天壺"、"muke be necin obure tampin- 平水壺"、"tumen mukei tampin- 萬水壺"、"muke dendere tampin- 分水壺"；"tampin i boo- 壺室"；"galangga tampin- 執壺"、"boshonggo tampin- 腰子壺"、"hasingga tampin- 柿子壺"、"fuyebure tampin- 火壺"；"tampin efen- 甑兒糕"等③。

"saksu"的釋義從康熙朝《御製清文鑑》到乾隆朝《御製增訂清文

---

① 《御製清文鑑》器皿部，器用類二、五；《御製增訂清文鑑》三、八，卷二十五，頁十六、三十二。
② 括弧部分為《御製清文鑑》多出的內容。
③ 乾隆朝《御製五體清文鑑》設官部／臣宰類、文學部／儀器類、居處部／部院類、器皿部／器用類、食物部／餑餑類。

鑑》發生了變化。滿文"saksu"在康熙朝《御製清文鑑》中，將裝盛茶、紙等物的竹木質筐子和以荊條制作的盛米谷的容器二者列為一條。乾隆朝《御製增訂清文鑑》增加了漢文對照，將前者對應漢文"茶紙簍"，後者對應漢文"荊囤"，並將後一義入產業部/農器類。可見，從滿文一體到滿、漢文對照的過程，對多義詞義項的割分是一種促進。

第六組：野茶、山茶①。

"bigan i cai- 野茶"——ilha i boco haksan, cikten den abdaha niowanggiyan bime narhūn, cikten abdaha be teliyefi walkiyafi cai fuifufi omimbi. 花色金黃，枝高葉綠且細，將枝葉蒸曬後煮茶喝。

"turi cai- 山茶"——bigan i cai, cikten den emu jušuru funceme bi, abdaha, bohori abdaha i adali, teliyefi walgiyafi cai fuifufi omimbi. 野茶，枝高尺余，葉子與豌豆葉相似，蒸曬後煮茶喝。

三、應用

清宮規制，宮中的膳食機構有內務府和光祿寺，皇帝的日常膳食由內務府下面的御茶膳房負責，各種宴會則由光祿寺、禮部精膳清吏司和御茶膳房共同承辦。御茶膳房包括膳房、茶房和清茶房。《光緒會典事例》1173卷記：初制，茶房設總領3人，承應長4人，並清茶房承應長4人。膳房設總領3人，承應長2人，庖長3人。……雍正元年奉旨茶膳房總領俱授為二等侍衛。茶房人內授為三等侍衛三員，藍翎侍衛四員。膳房人內授為三等侍衛六員，藍翎侍衛七員。乾隆二十四年奏準膳房總領改為尚膳正，副總領改為尚膳副。茶房總領改為尚茶正，副總領改為尚茶副。

---

① 《御製增訂清文鑑》卷二十九，頁二十七。

《御製五體清文鑑》研究

滿文早期文獻不多，現存最早的滿文檔案《無圈點檔》[①]，可以為我們的研究提供一些記錄。舉例示之。

1. 天命六年十一月十日（轉寫）"han i bithe, juwan de wasimbuha, sain etuku mahala etufi cimari dari han i yamun de, beise i yamun de yamulaha manggi, yali bujufi arki nure wenjefi sile **cai** omibure ulebure doro be, ere liyoodung ni elgiyen bade ainu nakaha, du tang dzung bing guwan ci fusihūn, iogi tšanjiyang ci wesihun, idu jafafi meni meni beise i yamun de gajifi, fe kooli sarila, ……"（譯文）初十日，汗諭曰："向有每日辰時着好衣好帽於汗衙及諸貝勒衙門前上衙畢，賜煮肉溫酒喝湯飲**茶**之禮。此遼東乃富庶之地，何以禁止？著都堂、總兵官以下，遊擊、參將以上，輪班招至諸貝勒衙門，依舊例筵宴。……"

可見，茶飲之禮早已有之。

2. 天聰四年二月十七日（轉寫）"jurafi jidere de, manjusiri lama, han be acaki seme amcame jimbi seme donjifi,……han, morin yalufi lama be okdofi, lama i gala jafame acaha, suwayan cacari cafi, cacari dolo han i adame tebufi, **cai** omibuha yali ulebuhe,……"（譯文）"汗出征返回時，manjusiri 喇嘛聞訊趕來求見。…… 汗乘馬迎之，握手相見，張黃幄，併坐，**茶**、肉賜之。……"

由此可窺其飲茶習俗之一斑。

3. 天聰五年正月十六日（轉寫）"korcin i darhan baturu genehe, genere doroi han i buhengge, seke dahū emke, gecuheri emke, suje ilan, mocin samsu juwan, fulgiyan jafu emke, hilteri uksin foloho saca galaktun

---

[①] 原本殘缺，現存部分記錄了自1607年（明萬曆三十五年，後金天命前十年）到1636年（明崇禎九年，清崇德元年）初創時期的重要歷史。原本現存臺北故宮博物院。抄本現存北京中國第一歷史檔案館和沈陽遼寧省檔案館。

de aisin ijume emke, foloho jebele de aisin ijume niru sisihai emke, foloho enggemu hadala de aisin ijume emke, **cai** juwan boose, dambagu juwan kiyan buhe."（譯文）"科爾沁之達爾汗巴圖魯歸去，行歸返之禮，汗賜貂皮端罩一、蟒緞一、緞三、……茶十包……"

由此可見，茶亦作為賞賜之禮品。

凡此種種，不一而足。至於"bigan i cai- 野茶"、"turi cai- 山茶"之產地、類屬等，期待更多資料給予佐證。

第二節　"海螺"、"號角"辯

我們在閱讀與翻譯滿文文獻的過程中，常常會碰到詞語語義不確切的問題，給文本的準確釋讀造成一定的困難。一些關鍵性詞語所含多種義項的互不相幹或意義相近，令譯者難作定奪。如"buren"一詞，從"海螺"到"畫角"，兩種完全不同的物體何以共用一詞，它們之間有何關聯，本節試作探討，冀有助於滿語詞語的語義分析。

一、語料

buren 在早期滿文文獻中的語用狀況如下[①]：

1. 萬曆四十三年十二月 ……tere hoton i niyalma dahara seme hendume, tulergi cooha be isabume hoton de dosimbume, ilan inenggi isabufi jai daharakū ojoro jakade, ninggun gūsai cooha uksin etufi gūsa dasafi gala jafafi **buren burdeme**, ……

2. 天命三年四月 ……neneme efuleme wajiha niyalma, gūsai ejen

---

① 出自"滿文老檔"，中國第一歷史檔案館藏，下同。有關此文獻的介紹，詳見趙志強、江橋《〈無圈點檔〉及乾隆朝鈔本補絮》，《歷史檔案》1996年第3期。

de alanju, tehereme ba ba i niyalma gemu efuleme wajiha manggi, gūsai ejen **buren burdehe** manggi, ba ba i niyalma geren gemu sasa dosi seme bithe wasimbuha.

3. 天命四年七月 tiyei ling ni hecen i duin jugūn i arbun i dulimbai leose de tafambufi tebuhe, jai inenggi ihan honin wafi amba sarin sarilame, tungken tūme laba bileri fulgiyeme **buren burdeme**, ……

4. 天命四年八月 orin emu i dobori dulire de, abka tulhušefi juwe ilan jergi seberšeme majige agafi ihan erin de galaka, tere dobori yehe i karun i niyalma, dergi hoton de dobon dulin de dain jimbi seme alanafi, orin juwe i cimari isinaci, dergi hoton i niyalma **buren burdefi** tulergi jase hecen be waliyafi, ……dergi hoton be kara cooha tuwara duin beile tere hoton de tutaha, wargi hoton de afara cooha šun tucime isinaci, wargi hoton i niyalma dain jimbi seme dobon dulin de donjifi **buren burdefi** tulergi amba hoton i coohai niyalma juse hehesi be gemu dorgi alin i hoton de bargiyame dosimbufi, ……coohai niyalma hoton i dukai tule **buren burdeme** kaicame sureme ilihabi. tulergi amba hoton i coohai niyalma juse hehesi be gemu dorgi alin i hoton de bargiyame dosimbufi, coohai niyalma hoton i dukai tule **buren burdeme** kaicame sureme ilihabi.

5. 天命八年四月 han i bithe, ice uyun de wasimbuha, han i duka de hecen i duka de suwayan tu tukiyehe de, hergen bisire niyalma gemu han i duka de isanju, sarin sarilara aika gisun hūlara hendure medege bi, fulgiyan tu tukiyehe de ikiri **buren burdehe** de, dain coohai medege bi.

從上可見，在天聰朝以前的一段時間內，無論是軍中作戰鳴響"buren"，抑或儀仗祭典吹奏"buren"，均記為"buren burdembi"。比照記載同期史事的漢文文獻，對應之字有"號"、"角"、"螺"等，歸

242

列如下①：

（表一）

序號	時間	滿文②	武皇帝實錄③	高皇帝實錄④
1	萬曆十二年正月	buren	張號待敵	鳴角集衆
2	萬曆四十三年十一月	buren	吹螺布兵	布陣鳴螺
3	天命三年四月	buren	吹螺	鳴螺、聽螺聲
4	天命四年三月	buren	吹螺	鳴螺
5	天命四年八月	buren	吹螺吶喊	鳴角鼓噪
6	天命八年五月	buren	吹螺	鳴角

至天聰元年起，出現了"monggo buren"、"yehere buren"、"ihan buren"、"šanyan buren"等名目，相應的動詞也略有變化。

1. 天聰元年正月 tere juwe elcin be beise de acabure de, juwe galai coohai ambasa faidame ilifi, **monggo buren fulgiyeme** hengkileme acabufi, jai ceni amata de acabuha,……

2. 天聰元年六月 ginjeo hecen i baru emgeri poo sindafi, **yehere buren**, monggo buren, **ihan buren burdehe** manggi, julesi katarame emu jergi kaicaha,……

3. 天聰五年九月 ini mujilen de acabume ainu wambi seme tafulaha, amba cooha gidaha doroi tu sisifi **buren burdeme** han, beise, coohai

---

① 天聰元年以前有漢文"實錄"三種，這裏列出了與"滿文老檔"記述相同內容的資料。需要說明的是，有些"滿文老檔"中的記載在漢文"實錄"中没有相對應的内容，反之亦然。

② 取自"滿文老檔"，《滿洲實錄》（即遼寧省檔案館編兩體文滿洲實錄。遼寧教育出版社2012年版）

③ 《太祖武皇帝實錄》，編纂始於天聰七年（1633年），成書於崇德元年（1636年）。初名爲《太祖太后實錄》。順治朝重修更名爲《太祖武皇帝實錄》。

④ 《太祖高皇帝實錄》，康熙年間重修，雍正十二年（1734年）又重修，乾隆四年（1739年）告成，成爲定本。

ambasa, abka de ilan jergi niyakūrafi uyun jergi hengkilehe,……

4．天聰十年正月 han, ice ninggun de, mahang'ala fucihi de baitalahangge, emu menggun i manda, sabingga futa, kurdun, šu ilha, sara, turun, tampin, **šanyan buren**, nimaha, kurdun boobai,……

5．崇德元年五月 enduringge han gūlmahūn erinde, hanciki be hairandara duka be tucifi, amba faidan faidafi, laba, bileri fulgiyeme, **buren burdeme**, tangse de ilan jergi niyakūrafi uyun jergi hengkilehe,…… tereci tangse i tule genere bayarai jakūn tu be juleri faidafi, **yehere buren**, monggo buren burdeme, abka de ilan jergi niyakūrafi uyun jergi hengkilehe,……

6．崇德元年七月 ilan jergi niyakūrafi uyun jergi hengkilehe, tuttu hengkilere doro wajiha manggi, urgun i doroi amba sarin sarilaha, gurun i ejen fujin i juleri faidarangge,……lo emu juru, tungken emu juru, **ihan buren** juwe, dzeng juwe, jang tungken juwe,……

7．崇德元年八月 enduringge han cooha genere wang sa, beile se, beise se, ambasa be gaifi, meihe erinde hanciki be hairandara duka be tucifi, **yehere buren**, **monggo buren burdeme**, tangse de ilan jergi niyakūrafi uyun jergi hengkilehe, tangse i tule jakūn tu faidafi, ineku **buren burdeme** emu jergi niyakūrafi ilan jergi hengkilehe,……

8．崇德元年九月 beise se ambasa be acafi teksileme faidafi jakūn tu be juleri sisifi, **monggo buren yehere buren burdeme**, laba bileri fulgiyeme, abka de ilan jergi niyakūrafi uyun jergi hengkilehe,……

9．崇德元年十月 cooha genehe hošoi mergen cin wang, hošoi erke cin wang, doroi beile se, gūsai beise se, geren ambasa be acafi teksileme faidafi, jakūn tu be juleri sisifi, **monggo buren yehere buren burdeme**, laba bileri fulgiyeme, abka de ilan jergi niyakūrafi uyun jergi hengkilehe,……

10．崇德元年十月 tereci enduringge han, cooha genehe wang sa, beile se, beise se, ambasa be gaifi, tangse de genefi **monggo buren**, **yehere buren burdeme**, laba bileri fulgiyeme, ilan jergi niyakūrafi uyun jergi hengkilefi,……

11. 崇德元年十二月 enduringge han faidan faidafi, meihe erinde hanciki be hairandara duka be tucifi, laba bileri fulgiyeme, **yehere buren**, **monggo buren burdeme**, tangse de ilan jergi niyakūrafi uyun jergi hengkilehe, jai tangse i tule jakūn tu sisifi, ineku laba bileri fulgiyeme, **yehere buren**, **monggo buren burdeme**, abka de ilan jergi niyakūrafi uyun jergi hengkilefi juraka,……

與漢文文獻對照歸列如下：

（表二）

序號	時間	用字	清太宗實錄
1	天聰元年五月	角	上至錦州向城舉纛鳴角。躍馬而前。
2	天聰三年十一月	角	自遵化來援。鳴角擊鼓。駐深林內。
3	天聰七年九月	角	殺敗敵兵。又吹角當先。
4	天聰八年五月	角	謁堂子。列八纛鳴角奏樂。
5	天聰八年八月	螺	以出師禮。豎八纛宰八牛吹螺鳴角。
6	天聰八年十月	螺	謂敖塔雲。有兵至。當吹螺收兵。
7	天聰九年五月	畫角	臣等。命列旗纛。鳴畫角鼓吹以進。
8	天聰九年八月	角	謁堂子鳴角奏樂。拜天。
9	天聰九年九月	螺	至御營南岡所築壇上。設黃案焚香。吹螺掌號。
10	天聰十年四月	畫角	畫角四。簫二。笙二架。
11	崇德元年八月	螺	出撫近門。謁堂子。吹螺掌號。
12	崇德元年九月	螺	以次排列立八纛吹螺掌號。拜天。
13	崇德元年十月	螺	立八纛。吹螺掌號拜天。
14	崇德元年十二月	螺	上出撫近門。設鹵簿。吹螺奏樂。謁堂子。

很明顯，這期間的漢文用字沒有了"號"卻出現了"畫角"。而"滿文老檔"中的最大變化是與漢文"角"、"螺"對應的常常不再只是"buren"一種（軍／禮）樂器，而是兩種以上的樂器。如：天聰元年六月，ginjeo hecen i baru emgeri poo sindafi, **yehere buren, monggo buren, ihan buren burdehe** manggi, julesi katarame emu jergi kaicaha……換言之，這時漢文"實錄"中的"螺""角"已成為一組樂器的統稱。

二、語義分析

康熙朝《御製清文鑑》是清代第一部、也是唯一一部官修大型單語分類詞典。其中對"buren"的釋義如下①：

例1. buren——muke de banjimbi, notho mangga, dube ergi šulihun.（海水裏生活外殼堅硬的［生物］）。[鱗甲部，海魚類]；

例2. buren——cooha gidara cooha bargiyara de temgetuleme fulgiyere jaka be buren sembi.（軍隊破陣、收隊時規定吹的東西叫作～）[武功部，軍器類]。

從釋義内容可見，例1是對物體性狀的描述，例2是對該物件在軍中的用途做出解釋。此為滿文單語詞典，並未給出上述兩條對應的漢語語義。但對照上文所引"滿文老檔"及對歷史事實的分析可見，該詞典對"海螺"的釋義是很準確的。只是從今人的角度看，似乎缺失了對於出征、凱旋時祭旗、祭堂子用途的描述。對此，在編者看來，一個可能的解釋是：這種用途是海螺的一種常識用法。

康熙二十二年修成的《大清全書》，是清代第一部私人編修的滿漢雙語詞典②。其中"buren"的釋義為：大號頭；喇叭。（例句）"ihan

---

① 漢譯為筆者所加，下同。
② 相關研究參見季永海《〈大清全書〉研究》，《滿語研究》1990年第2期。

buren"：大號頭。（筆者注：大號頭應為大號。頭字或為方言尾音或為刊印之誤。）

該書作者沈啟亮，漢族人，自述生平喜好滿文，退伍後"遊學京師，業館於鑲黃旗下，幸就教於滿洲諸儒，於茲數載，粗識其意"。也就是說，作為一個漢族人，在他個人學習、接觸到的滿語環境中，buren 的漢語詞義是指稱：大號；喇叭。

雍正二年版《清文彙書》："buren——海螺蛳殼催兵收兵吹者，即 buren burdembi 也。"

乾隆朝《御製增訂清文鑑》增加了詞目的漢義，相關內容如下：

例1．"buren-海螺"——muke de banjimbi, notho mangga, dube ergi šulihun.①

例2．"buren-畫角"——cooha dosire cooha bargiyara，bata gidara de temgetuleme fulgiyere jaka be buren sembi.②

與康熙朝《御製清文鑑》相比，其中第一義項釋義與《御製清文鑑》完全相同，增加了詞目的漢義——海螺。第二義項釋義做了一些調整，但不影響整體的意思，詞目的漢義並非"海螺"，而為"畫角"，值得商榷。

綜上3部清代雙語詞典，"buren"的漢譯給出了4種不同的形式，它們在漢語中表示的是4種不同的物體。

（表三）

滿文 buren	漢文	序號	出處
	大號（頭）	1	《大清全書》
	喇叭	2	《大清全書》
	海螺	3	《御製增訂清文鑑》《清文彙書》
	畫角	4	《御製增訂清文鑑》

---

① 乾隆朝《御製增訂清文鑑》鱗甲部，海魚類（卷三十二）。
② 乾隆朝《御製增訂清文鑑》武功部二，軍器類七（卷九）。

與"buren"相關的詞及其解釋如下：

例1."ihan buren- 號筒"——teišun i tūhe fulgiyere ergi narhūn, fejergi meyen muwa, jilgan lurgin tucirengge be, ihan buren sembi.(《御製清文鑑》《御製增訂清文鑑》)

ihan buren——銅牛腿號角頭與喇叭相配。(《清文總彙》)

例2."monggo buren- 蒙古角"——dulimbade moo, ujan de teišun sindame, laba i adali umesi golmin ningge be, monggo buren sembi.(《御製清文鑑》《御製增訂清文鑑》)

monggo buren——喇嘛號筒即喇叭類甚長者。木號中間木兩頭銅即喇嘛號。(《清文總彙》)

例3."gocingga buren- 畫角"——moo araha sihan golmin sunja jušuru funcembi. dulimba majige muwakan šugilefi nirufi, angga ergi de amhūlan be dosimbufi fulgiyerengge be gocingga buren sembi. (《御製增訂清文鑑》)

gocingga buren——畫角乃漆畫的木桶中腰微粗口邊安哨子吹者。(《清文總彙》)

例4."amba buren-大銅角"——ihan buren be geli amba buren sembi.(《御製增訂清文鑑》)

amba buren——大號。大銅角舊又曰 ihan buren 號筒。(《清文總彙》)

例5."ajige buren - 小銅角"——buleri be geli ajige buren sembi.(《御製增訂清文鑑》)

ajige buren——小號。小銅角即是 buleri 喇叭也。(《清文總彙》)

上述5種樂器從形制看，均為管狀，器身無孔。吹奏方式，均為豎吹。其用途主要在軍事及各種祭祀、慶典儀式兩個方面。這些均與海螺的形制、吹奏方式及在清初的主要用途相同，"buren"的含義已經超出原本的範疇。從上下位關係看：buren 為上位詞，其余5詞為下位詞。從語義場的角度看，該詞群的核心義素為：管狀，器身無孔的吹奏樂器；從認知語言學的角度看，buren 為原型詞；從心理語言學的角度看，buren 是該詞群的語言意識核心詞。

由此，我們可以推測這組詞的構詞理據：根據樂器的外形和吹奏的方式，是從海螺發展而來。從認知模式上看，滿文"buren-海螺"是該組詞的原型詞。

如果從漢語的認知模式上看，筆者認為與該組詞對應的原型詞是"角"。理由是："我國古代所有喇叭類型的氣鳴樂器都統稱角。"[①]

隨着時間的推移，滿語"buren-海螺"一詞從最初的特指一種樂器，逐步成為構成某一類樂器名稱的一個組成成分。從漢語的角度看"角"恰恰與"buren"具有同樣的語義特徵。因此，在譯者的心理詞典中"buren"與"角"具有對等的意義。這或許可以解釋表2中海螺的用法理據（下文詳述）。

同理，我們可以推測，到康熙年間，在具體的言語環境中，一個漢族的滿語學習者在聽到滿族人用 buren 指稱（統稱）大號、喇叭，隨即記錄了下來。這或許就是《大清全書》中"大號"、"喇叭"的由來。

從理論上講，《御製增訂清文鑑》中"buren"的"畫角"義項，應該是"gocingga buren-畫角"產生前，buren 在特定語境中的一種臨時用法。

三、"畫角"的出現

在本文第一部分（表二）中，共出現了兩處"畫角"。

1. 天聰九年五月丙子記："於四月二十日大軍渡河，二十八日抵察哈爾。汗子額爾克孔果爾額哲國人所駐托裏圖地方。天霧昏黑，額哲國中無備，臣等恐其驚覺，按兵不動。遣葉赫國金臺石貝勒之

---

① 周和明、鐵梅主編《中國民族樂器考》，遼寧民族出版社，2013年，第85頁。

孫南楮，及其族叔祖阿什達爾漢並哈爾松阿、代袞同往。令先見其姊蘇泰太后。及子額哲告以滿洲諸貝勒奉上命統大軍來招爾等秋毫不犯。南楮等急馳至蘇泰太后營。呼人出語之曰：爾福金蘇泰太后之親弟南楮至矣，可進語福金。蘇泰太后聞之大驚，遂令其從者舊葉赫人覘之還報。蘇泰太后慟哭而出，與其弟抱見。遂令其子額哲率寨桑出迎我軍。於是臣等命列旗纛，鳴畫角鼓吹以進。"（《清太宗實錄》）

對應的滿文為"……tongken dume [tūme], buren burdeme, laba bileri fulgiyeme……"。①

另有《滿文內國史院檔》天聰九年五月二十七日（丙子）之相同記述："……tongken dume[tūme] , buren burdeme, laba bileri fulgiyeme……"

相互佐證，"擊鼓、鳴螺、吹奏喇叭嗩吶"，應準確無誤。

2. 天聰十年四月（崇德元年四月）。崇德元年改元建立清朝，四月皇太極登基，仿明朝禮儀，定御前儀仗所用樂器為："鑼二、鼓二、畫角四、簫二、笙二架、架鼓四、橫笛二、龍頭橫笛二、檀板二、大鼓二、小銅鈸四、小銅鑼二、大銅鑼四、雲鑼二、嗩吶四。"（《清太宗實錄》）

其中"畫角四"滿文為"……ihan buren duin,……"②

仿明朝禮儀，御前用"畫角"，以"ihan buren"代之，亦在理中。

gocingga buren 的出現。

"gocingga buren"一詞在實際的言語環境中出現的時間很可能在乾隆以前。gocingga 源自滿語動詞 gocimbi（其次義項之一：緊圍）。其派生詞有：gocika bayara（親軍）；gocika hiya（御前侍衛）；

---

① 《內閣滿文太宗實錄》，北京，中國第一歷史檔案館藏，利用片3。
② 同上，利用片4。

gocika amban（御前大臣）；goci angga mukšan 儀仗；等等。因此，以"gocingga buren"對應"畫角"，既表達了"御前"之義，亦符合"buren"延展為組合一類吹奏樂器之總稱的範式。當然，歷史無法改寫，"buren"在特定時間、特定範圍、特指某物的用法已被記錄，"buren-畫角"不僅出現在乾隆朝《御製增訂清文鑑》中，且影響至今①。

四、余論

從"buren"及其詞群的實際使用和詞義演變來看，天聰元年之前在《太祖武皇帝實錄》中共出現7處，其中6處譯為"螺"，恰當適宜。天聰元年以後，在表示軍令時，仍應用"螺"。如為兩種以上軍樂可用"螺號"。同理，在出征或凱旋祭旗或祭堂子時，單用仍應譯為"螺"；兩種以上樂器，譯為"吹螺奏樂"較宜。

綜上可見，"buren"最初為一專有名詞，漢譯"海螺"。在"滿文老檔"天命十一年（1626年）以前的記載中，清楚地證明了這一點。從天聰元年（1627年）以後，隨着"ihan buren"、"monggo buren"等以"buren"為中心詞的新詞（組）出現與使用，"buren"的詞義指稱範圍亦隨之擴大。由個別到一般是人類認識客觀世界的普遍規律，人類早期認識客觀事物總是從身邊的個別事物開始，並且每事每物都予以專名。隨着人類的認識從個別向一般發展，物名也由專名發展出類名。從詞義與概念的關係角度看，表現為詞義由指稱下位概念經過引申兼指上位概念。在"buren"詞義的演變和發展過程中，"大號"、"喇叭"、"畫角"均為其在特定歷史時點的一種特殊語用形式。因此，在釋讀滿文文獻時，不同民族特有的心理認知與思維模式的異同，特別是它們對詞義演變的影響，是需要我

---

① 見胡增益主編《新滿漢大辭典》"buren"，新疆人民出版社，1994年，第116頁。

們特別注意的。

第三節　"同上"案例溯源

在"清文鑑"中，見有"漢名同上"、"漢名亦同上"、"漢語同上"、"漢語亦同上"、"漢語同上連用"等標記，其含義是：兩個或三個滿文詞語（包括詞和詞組）對應同一漢語詞語，詳述如下。

一、"漢名同上"、"漢名亦同上"

"漢名同上"、"漢名亦同上"表示的是2個或3個滿文詞語的漢語意義相同。舉例如下：

滿文轉寫	漢譯的滿文注音和漢文	所屬部類
booi niru	nei fu dzo ling　內府佐領	設官部
delhetu niru	漢名同上	設官部
tolhon weihu	hūwa pi cuwan　樺皮船	船部
jaya	漢名同上	船部
alan weihu	漢名亦同上	船部
saibihan	deng kiyo dzi dzui　戥殼子嘴	鳥雀部
halbahan	漢名同上	鳥雀部
borjin niyehe	pu ya　蒲鴨	鳥雀部
tarmin niyehe	漢名同上	鳥雀部
ija niyehe	šui hū lu　水葫蘆	鳥雀部
niojan niyehe	漢名同上	鳥雀部
humsun	dzun　胗①	鳥雀部
humsuhun	漢名同上	鳥雀部
jolo	mu lu　母鹿	獸部
eniyen buhū	漢名同上	獸部
jorho singgeri	tiyan šu　田鼠	獸部
bigan i singgeri	漢名同上	獸部

---

① 原文爲"月"旁，右爲"真"。

第五章　詞語分析舉例

续表

滿文轉寫	漢譯的滿文注音和漢文	所屬部類
cohoro	bao hūwa 豹花	牲畜部一
tobtoko	漢名同上	牲畜部一
cangka	šao dzui šao yan 燒嘴燒眼	牲畜部一
cara	漢名同上	牲畜部一
anggatu	deo dzui 篼嘴	牲畜部二
anggūta	漢名同上	牲畜部二
eite	lung teo 籠頭	牲畜部二
longto	漢名同上	牲畜部二
mujuhu	lii ioi 鯉魚	鱗甲部
hardakū	漢名同上	鱗甲部
can nimaha	lung g'an ioi 龍肝魚	鱗甲部
šangkan nimaha	漢名同上	鱗甲部
horo	he ioi 黑魚	鱗甲部
hūwara	漢名同上	鱗甲部
boo nimaha	fang ioi 房魚	鱗甲部
kalimu	漢名同上	鱗甲部
edeng	šui hū 水虎	鱗甲部
muke tasha	漢名同上	鱗甲部
ica	miyan tiyao ioi 麵條魚	鱗甲部
honokta	漢名同上	鱗甲部
umiyaha	cung 蟲	蟲部
imiyaha	漢名同上	蟲部
hasaha umiyaha	be dzu cung 百足蟲	蟲部
tanggū bethe umiyaha	漢名同上	蟲部
heliyen	tang lang 螳螂	蟲部
heliyen sebsehe	漢名同上	蟲部
heliyen umiyaha	漢名亦同上	蟲部
gergen	g'og'oel 蟈蟈兒	蟲部
niowanggiya gurjen	漢名同上	蟲部
cacarakū	hūi še ma ja 灰色螞蚱	蟲部
usin bošokū	漢名同上	蟲部
ayan gurjen	gin jung el 金鐘兒	蟲部
gurelji	漢名同上	蟲部

续表

滿文轉寫	漢譯的滿文注音和漢文	所屬部類
dondoba	tu feng 土蜂	蟲部
sorokiya	漢名同上	蟲部
hongkolo galman	da hūwang wen dzi 大黃蚊子	蟲部
amba garma	漢名同上	蟲部
funjima	bai ling dzi 柏蛉子	蟲部
funima	漢名同上	蟲部
ashangga yerhuwe	fei ma i 飛螞蟻	蟲部
yecuhe	漢名同上	蟲部

經查，標有"漢名同上"、"漢名亦同上"的詞在康熙朝《御製清文鑑》中主要有3種表示詞間關係的解釋方式。

1. 用"inu"表示兩詞的關係。

例1. 在"booi niru"條的解釋中

booi niru：dorgi booi niru be booi niru sembi. geli delhetu niru seme gisurembi. wang, beile sede，inu meni meni daci delhebuhe booi niru bi.

例2. 在"cohoro"條的解釋中

cohoro：morin ulha i beye jinggini boco ci tulgiyan, gūwa haci i bocoi tongki bisire be, cohoro sembi. tobtoko seme inu gebulembi.

2. 用"geli"表示兩詞（三詞）間的關係。

例3. 在"tolhon weihu"條的解釋中

tolhon weihu：julergi amargi butu, oforo dube hiyotohon ajige nimašakū be tolhon weihu sembi. geli jaya sembi. geli alan weihu sembi.

例4. 在"saibihan"條的解釋中

saibihan：kūwasihiya de adali, anggai dube onco, geli halbaha seme gebulembi.

3. 用"be+sembi"表示兩詞的關係。

例5. 在"eite"條的解釋中

eite：futa i jergi jaka be murime arafi, morin ulaha i uju de etubure longto be, eite sembi.

例6. 在"jorho singgeri"條的解釋中

jorho singgeri：bigan i singgeri be, jorho singgeri sembi.

由上可見，在多體清文鑑中標有"漢名同上"、"漢名亦同上"的滿文詞，它們在單體辭書（康熙朝《御製清文鑑》）中並未作為單獨詞條列出，而是出現在釋義中。其與本詞的關係用"inu"（譯成漢語為"xx 也是 xxx"）、"geli"（譯成漢語為"xx 又稱作 xxx"）或"be+sembi"（譯成漢語為"把 xx 稱作 xxx"）表示。

綜上可知：康熙朝《御製清文鑑》釋義用"inu"、"geli"或"be+sembi"等形式表示的同義關係，在多體清文鑑中並列為兩個（或三個）詞條，用"漢名同上"、"漢名亦同上"等標記。

《御製增訂清文鑑》[①]是清代第一部官修滿漢雙語詞典。上舉6例在"增訂"中的釋義為：

例7：

（A）booi niru 內府佐領。（B）delhetu niru 漢名同上。

（B）的滿文釋義：uthai booi niru sere gisun。（"增訂"）

（A）（B）間關係譯成漢語為：（B）即（A）。

例8：

（A）cohoro 豹花。（B）tobtoko 漢名同上。

（B）的滿文釋義：cohoro be inu tobtoko sembi。（"增訂"）

（A）（B）間關係譯成漢語為：（A）亦稱（B）。

---

① 成書於乾隆三十六年（1771年）。以下簡稱"增訂"。

例9：

（A）tolhon weihu 樺皮船。（B）jaya 漢名同上。（C）alan weihu 漢名亦同上。

（B）的滿文釋義：uthai tolhon weihu sere gisun。（"增訂"）

（C）的滿文釋義：uthai tolhon weihu sere gisun。（"增訂"）

（A）（B）間關係譯成漢語為：（B）即（A）。

（A）（C）間關係譯成漢語為：（C）即（A）。

例10：

（A）saibihan 戧殼子嘴。（B）halbahan 漢名同上。

（B）的滿文釋義：uthai saibihan inu。（"增訂"）

（A）（B）間關係譯成漢語為：（B）即（A）。

例11：

（A）eite 籠頭。（B）longto 漢名同上。

（B）的滿文釋義：eite be inu longto sembi。（"增訂"）

（A）（B）間關係譯成漢語為：（A）亦稱（B）。

例12：

（A）jorho singgeri 田鼠。（B）bigan i singgeri 漢名同上。

（B）的滿文釋義：jorho singgeri i encu gebu。（"增訂"）

（A）（B）間關係譯成漢語為：（A）別名（B）。

由上可見："漢名同上"、"漢名亦同上"的滿文詞（B）或（C）與本詞（A）的關係，在"增訂"中的滿文標記為："uthai- 即"、"inu- 亦"等，或直接標出"encu gebu- 別名"。

二、"漢語同上"、"漢語亦同上"、"漢語同上連用"

與"漢名同上（亦同上）"相比，"漢語同上"、"漢語亦同上"、"漢語同上連用"的情況比較複雜。

在"漢語同上"中，表示（A）（B）同義關係的方式除上述外，還有一種將（B）單獨解釋的方式。為便於分析將（A）的釋義一並列出。釋義均取自"增訂"，不再一一注出。

例13：

（A）bodomime 自言自語。（B）bodonggiyambi 漢語同上。

（B）的滿文釋義：bodomime gisurere be bodonggiyambi sembi。

（A）的滿文釋義：niyalma akūbime ini cisui gisurere be bodomime gisurembi sembi。

（B）的釋義雖也使用了 be+sembi 作為標志，但其對照的並非（A）本身，而是在（A）後加了動詞 gisurere 的詞組。gisurere 漢譯為"說"。比較可知，（B）與（A）的關係是：（A）為副動詞，當它與 gisurembi 連用時等於（B）。

例14：

（A）ahūn 兄。（B）age 漢語同上。

（B）的滿文釋義：beyei ahūn be age sembi。

（A）的滿文釋義：ama de banjiha juse beye ci se fulungge be ahūn sembi. geli emu jalan i niyaman hūncihin beye ci se fulungge be inu ahūn sembi。

（B）的釋義雖也使用了 be+sembi 作為標志，但其對照的並非（A）義的全部，而僅限於特指——beyei ahūn（自己的兄）。

例15：

（A）fafun i gamambi 正法。（B）dayabumbi 漢語同上。

（B）的滿文釋義：wara be inu dayabumbi sembi。

（A）的滿文釋義：weilengge niyalma be dayabure be fafun i gamambi sembi。

（B）的釋義雖也使用了 inu 作為標志，但其對照的詞並非（A）而是另外的詞 wara（X）。wara 漢譯為"殺"。比較可知，滿文義（A）為特指；（B）為泛指。

例16：

（A）gucu 朋友。（B）gargan 漢語同上。

（B）的滿文釋義：gucu gargan seme holbofi gisurembi duibuleci moo i gargan fasilan labdu i adali。

（A）的滿文釋義：ishunde gūnin acaha niyalma jai emgi bisire emgi yaburengge be gemu gucu sembi。

（B）作為多義詞，其釋義並未使用上述任何標志，而是用了 holbofi gisurembi 表示它與（A）的關係。

例17：

（A）ubu 分。（B）ufuhi 漢語同上。

（B）的滿文釋義：ubu sere gisun de adali tucike ufuhi dosika ufuhi joboho ufuhi jirgaha ufuhi seme gisurembi。

（A）的滿文釋義：faksalame neigen goibuha ton be ubu sembi。

（B）的釋義並未使用上述任何標志，而是用"adali"來表示。也就是說，（B）與（A）的語義相同。之後列出了一組帶有（B）的詞組，顯示出（B）與（A）在語用上的差別。

"漢語亦同上"所用標志與"漢語同上"相同。下舉一例：

例18：

（A）bucehe 死。（B）budehe 漢語同上。（C）endehe 漢語亦同上。

（B）的滿文釋義：niyalma bucehe be inu budehe seme gisurembi。

（C）的滿文釋義：niyalma budehe be inu endehe seme gisurembi。

（C）使用標志 inu。意為：（C）即（B）。

"漢語同上連用"多為兩詞連用。使用標志多為 uthai+ holbofi gisurembi。

例19：

（A）oho 胳肢窝。（B）o 漢語同上。（C）o mayan 漢語同上連用。

（B）的滿文釋義：uthai oho sere gisun。

（C）的滿文釋義：uthai o sere gisun o mayan seme holbofi gisurembi。

（B）使用標志 uthai。意為：（B）即（A）。（C）使用標志 uthai+holbofi gisurembi。意為：（C）即相當於（B）。

三、小結

清代官修滿漢對照詞典中對同義詞的標記（同上[①]），起自《御製增訂清文鑑》，並沿用於《御製滿珠蒙古漢字三合切音清文鑑》等，直至《御製五體清文鑑》。其中所涉問題頗多，初步歸納幾點：

1. 標有"漢名同上"、"漢名亦同上"等標記的詞在康熙朝《御製清文鑑》中多已存在於相對應詞條的釋義中，如上1-6例，譯成漢語為"又稱作 xxx"。至乾隆年間編修《御製增訂清文鑑》時，將其獨立列出，並給出了滿文注解。

2. "同上"（B）與主詞條（A）之間的關係是錯綜複雜的。在康熙朝《御製清文鑑》的釋義中，例5 "eite" 條中的 "longto"，例6 "jorho singgeri" 條中的 "bigan i singgeri"，它們多置於 "be" 之前，構成 "（B）be,（A）sembi." 結構，譯成漢語為："將（B）稱作（A）"。在這種形式下，處在 B 位置上的詞，也就是標有"漢名同上"的詞處於主位，這在一定程度上反映了滿語詞語的變化軌跡。至乾隆朝《御製增訂清文鑑》，這些痕跡便已消失（見例11）。

3. "同上"（B）有時是多義詞，其中一義與 A 相同，單獨析出，同時列出另義。如上例16中的 "gargan"，與 "gucu" 的關係為："gucu gargan seme holbofi gisurembi"，使用 "xxx seme holbofi gisurembi" 的

[①] 簡稱"同上"，下同。

形式表示與"gucu"（A）同義，同時以"duibuleci moo i gargan fasilan labdu i adali"描繪它的另義（樹杈）。

4．"同上"（B）與（A）的關係有時是語義相同，但在語用上有區別，如上例17，在"出分"、"入分"等詞組。

5．"同上"（B）與（A）的關係有時是語義範圍不同。如：例14：ahūn 與 age。例15：fafun i gamambi 與 dayabumbi。

最後要說明的是，"同上"並不能涵蓋所有具有同義關係的詞。

圖書在版編目（CIP）數據

《御製五體清文鑑》研究 / 江橋著 . — 北京：北京燕山出版社，2017.03

ISBN 978-7-5402-4160-5

Ⅰ.①御…　Ⅱ.①江…　Ⅲ.①少數民族 — 民族語言學 — 研究 — 中國 ②《御製五體清文鑑》— 研究　Ⅳ.① H2

中國版本圖書館 CIP 數據核字（2016）第 152771 號

《御製五體清文鑑》研究

責任編輯：俞　伽　程　丹
封面設計：敬人书籍设计 JINGREN BOOK DESIGN　黃曉飛
出版發行：北京燕山出版社有限公司
社　　址：北京市西城區陶然亭路53號
郵　　編：100054
電話傳真：86-10-65240430（總編室）
印　　刷：小森印刷（北京）有限公司
開　　本：710 mm×1000 mm　1/16
字　　數：270千字
印　　張：16.75
版　　別：2017年3月北京第1版
印　　次：2017年3月北京第1次印刷
ISBN 978-7-5402-4160-5
定　　價：38.00圓